工业和信息化普通高等教育
"十三五"规划教材立项项目

高等院校
新形态

U0597178

ELECTRONIC COMMERCE

电商文案

创意与写作

文案策划+内容营销+品牌传播

微课版 第2版

徐建美 何璐 ◎ 主编
朱江鸿 吴峰 齐素娟 ◎ 副主编

人民邮电出版社
北京

图书在版编目（CIP）数据

电商文案创意与写作 ： 文案策划+内容营销+品牌传播 ： 微课版 / 徐建美，何璐主编. -- 2版. -- 北京 ： 人民邮电出版社，2023.3
高等院校电子商务类新形态系列教材
ISBN 978-7-115-61150-5

Ⅰ. ①电… Ⅱ. ①徐… ②何… Ⅲ. ①电子商务－策划－写作－高等学校－教材 Ⅳ. ①F713.36②H152.3

中国国家版本馆CIP数据核字(2023)第023645号

内 容 提 要

本书以电商文案为核心，讲解电商文案创作的思路及写作技巧。全书内容翔实，涵盖了多种类型的电商文案，每章通过案例引入电商文案的写作内容，并在章节中穿插优秀的案例以供参考。

本书共 8 章，包括电商文案概述、电商文案写作的前期准备、电商文案写作的切入点、电商文案标题的创作、电商文案内文的创作、展示类电商文案的写作、品牌类电商文案的写作和推广类电商文案的写作。

本书可作为高等院校电子商务、市场营销、网络与新媒体等专业文案写作课程的教材，同时也可作为电商文案策划和网络营销从业者的参考书。

◆ 主　　编　徐建美　何　璐
副 主 编　朱江鸿　吴　峰　齐素娟
责任编辑　孙燕燕
责任印制　李　东　胡　南
◆ 人民邮电出版社出版发行　北京市丰台区成寿寺路 11 号
邮编　100164　电子邮件　315@ptpress.com.cn
网址　https://www.ptpress.com.cn
固安县铭成印刷有限公司印刷
◆ 开本：700×1000　1/16
印张：13　　2023 年 3 月第 2 版
字数：347 千字　　2025 年 8 月河北第 7 次印刷

定价：49.80 元

读者服务热线：(010) 81055256　印装质量热线：(010) 81055316
反盗版热线：(010) 81055315

前言

PREFACE

《电商文案创意与写作——文案策划+内容营销+品牌传播（微课版）》自出版以来，深受广大院校电子商务、市场营销、网络与新媒体等专业教育工作者的认可。然而随着时代的发展，电商行业对文案的需求在不断发展和变化，为适应高等院校电商文案相关课程的需要，我们对该书进行了修订改版，现推出《电商文案创意与写作——文案策划+内容营销+品牌传播（微课版 第2版）》。

改版策略

此次改版主要集中在以下几个方面。

（1）更新知识点和案例。基于当前岗位需求变化和电商文案的发展，本书增加了部分新的知识点，如短视频文案的写作以及市场与产品分析等；并且更新了案例，选取了近两年各大品牌的优秀文案案例，以供教师教学和学生学习参考。

（2）设置“思考与练习”板块。为了帮助读者巩固所学知识，本书设置了“思考与练习”板块，提升读者的实践能力。

（3）增加职业素养相关内容。为贯彻立德树人的理念，提升读者的综合素养，本书增加了职业素养相关内容。

本书内容

本书分3个部分，共8章。各部分的具体内容和学习目标介绍如下。

第1部分（第1章）：主要介绍电商文案及其写作的基础知识。要求读者了解电商文案的定义，熟悉电商文案的常见类型，掌握优秀电商文案的特征和增加对电商文案岗位的认知。

第2部分（第2章～第5章）：主要介绍电商文案创意与写作的核心内容。涉及电商文案写作的前期准备，电商文案写作的切入点，电商文案标题、开头、正文及结尾的写作等内容；要求读者学会分析市场与产品、电商文案的目标群体，选择合适的创意思路，找到电商文案写作的切入点，完善电商文案的整体构思，创作出有吸引力、有价值的文案内容。

第3部分（第6章～第8章）：主要介绍展示类、品牌类和推广类等不同类型的电商文案的具体写作方法和技巧，以提升读者的电商文案写作能力和实际应用能力。

本书特色

与目前市场上的其他同类教材相比，本书具有以下特点。

思路清晰，知识全面。本书从电商文案写作的基础出发，循序渐进、层层深入，使读者全面掌握电商文案的定义、创意与整体构思、写作的切入点、从标题到内文的写作技巧，以及具体的电商文案类型的写作等内容。

案例丰富。本书每章均以案例导入的方式引导读者，并在正文中穿插相关案例，案例具有较强的可读性和参考性，能帮助读者快速理解与掌握相关内容，提升读者的写作能力。

理论与实践相结合。本书在讲解理论知识的同时，在每章知识讲解结束后均设计了“同步实训”“思考与练习”板块，从而帮助读者更好地掌握相关技能。

二十大精神进教材。本书全面贯彻党的教育方针，落实立德树人根本任务，培养德智体美劳全面发展的社会主义建设者和接班人。本书不仅在章首页设置了“素养目标”，还在章中设置了“素养课堂”板块，融入了个人素养、文化传承、职业道德等元素，并且正文案例、实训背景中也融入了相关的元素，旨在全面提升读者的综合素养。

配套资源

拓展学习资源。本书将拓展学习资源以二维码的形式展示。读者扫描二维码即可查看相应的内容。

赠送资源。本书配有丰富的学习资源，包括教学大纲、案例素材、课后习题答案、PPT课件、电子教案和模拟试题库等，用书教师可登录人邮教育社区（www.ryjiaoyu.com）免费下载。

本书所引用的广告及文案，著作权归原作者所有，本书仅做分析使用。

本书由徐建美、何璐担任主编，朱江鸿、吴峰、齐素娟担任副主编。由于编者时间有限，书中难免存在不足之处，欢迎广大读者、专家批评指正。

编　者

2023年1月

目录
CONTENTS

第5章 电商文案内文的创作 ……80

第6章 展示类电商文案的写作 ……116

第1章 电商文案概述

案例导入

京东在春节期间发布了一则以年货为主题的电商文案，以推广其网上商城中的小家电产品。该文案并没有详细展现小家电产品的功能，而是通过谐音的方式引出各个小家电产品，如“你控油盐，他控碳水，我——空气炸锅”“你扫雷，她扫货，我——扫地机器人”“你敬明天，他敬过往，我——净水器”等。这些新颖且幽默的文案一经发布，立即吸引了广大消费者的关注，并且迅速得到了转发与传播。

早在多年之前，电商文案的个性化之战已经打响。品牌要想吸引消费者，产品不仅要实用，文案还要有创意，通过创意带来营销价值，通过文案说服消费者认可品牌并购买产品。

电商文案创作者不仅需要掌握电商文案的写作方法，还需要了解什么是电商文案、电商文案有哪些常见类型和优秀电商文案的特征等。只有这样，电商文案创作者才能写出有吸引力的文案。

学习目标

- 了解电商文案的定义
- 熟悉电商文案的常见类型
- 掌握优秀电商文案的特征
- 掌握电商文案岗位的工作职责和能力要求

素养目标

- 了解电商文案岗位的能力要求，明确自己的提升方向
- 了解创新能力的重要性，发扬创新精神

1.1 电商文案的定义

在互联网中，消费者大多通过图文信息获得对产品和品牌的认知，品牌要想吸引并说服消费者认可并购买品牌产品，就要为消费者提供有价值的图文内容。电商文案是图文信息的重要载体，承担着推广产品和品牌的重任。下面首先认识什么是电商文案，然后了解电商文案与传统文案的区别。

1.1.1 什么是电商文案

要弄清楚什么是电商文案，首先需要了解什么是“文案”。在现代，“文案”被赋予了新的含义。文案主要用于商业领域，通常指企业中从事事务性文字工作的职位，或指用于表现已经制定的创意策略的文字内容。现代文案的概念来源于广告行业，是“广告文案”的简称，常以文字的形式来表现广告信息，包括广告标题、正文、口号等。作为目前主流的宣传手段之一，文案被广泛应用于企业宣传、新闻策划等领域。

电商文案是服务于电子商务领域的商业文案，不管是文案主题表达，还是具体的商品信息传播，都是为了促进交易的产生和完成。电商文案与产品关系密切，可以扩大产品信息的传播范围，提升消费者的购物体验。

1.1.2 电商文案与传统文案的区别

传统文案以报纸、杂志、海报等形式，传递广告信息。随着新媒体时代的到来，基于网络平台传播的电商文案应运而生。电商文案不仅包含文字，还能添加图片、视频、超链接等元素，内容更加丰富且有吸引力。

电商文案与传统文案的区别包括两个方面。一方面，传统文案不易转载，传播力度小；而电商文案则贯穿整个网络平台，能够被广大用户查看，且容易被复制、转载、分享等，传播范围广、传播速度快。另一方面，基于网络的特点，电商文案用语更加自由，电商文案创作者可以使用网络中流行的新词、热词来吸引消费者并引起他们的购买欲望。例如，快餐品牌老乡鸡的电商文案就直接使用了鸡叫声的拟声词，如图1-1所示，看似十分敷衍实则趣味性十足，塑造了一个活泼可爱的品牌形象，吸引了很多消费者关注。

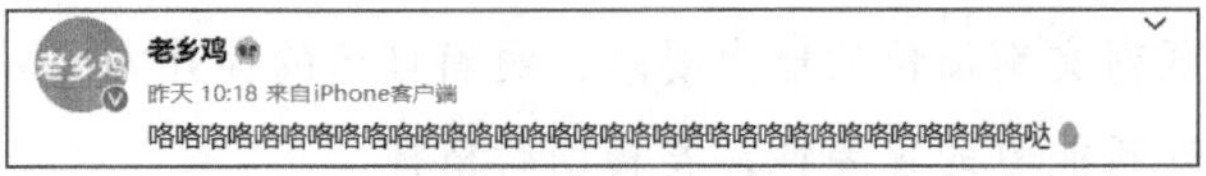

图1-1 老乡鸡电商文案

专家点拨

传统文案的结构包括标题、副标题、正文和口号4个部分。但在电商文案中，由于版面的限制和展示产品的需求，其结构更加精简，通常只包含标题和描述两个部分（甚至多数文案只有标题或描述），其余信息如品牌名称、联系方式、引导语等均作为辅助文案出现。因为消费者只有被标题或描述所吸引，才会进一步去了解品牌名称和联系方式等信息。

1.2 电商文案的常见类型

微课视频

1.2 电商文案的常见类型

文案的价值在于传递产品的价值信息，一则优秀的文案，可以让目标消费者对产品的认知实现从无到有，并逐步升级，从而为后续的市场推广、产品销售创造良好的条件。对于电商文案创作者来讲，了解电商文案的类型十分重要，不同类型的电商文案，其写作方法及应用场景不同。根据功能的不同，电商文案可以分为展示类电商文案、品牌类电商文案和推广类电商文案3种类型。

1.2.1 展示类电商文案

展示类电商文案的目的是推广和宣传产品，并促使消费者做出购买决策。展示类电商文案又可以细分为产品详情页文案、促销文案和海报文案3种类型。

1. 产品详情页文案

产品详情页文案是详细描述产品的具体功能、尺寸大小、性能特点、销售情况等的电商文案。消费者在选购产品时，会通过产品详情页中的图片和文字了解产品，因此，产品详情页文案中的图片、文字描述、排版设计等都与最终的购买转化息息相关。

电商文案创作者要使产品详情页文案对消费者产生足够的吸引力，页面文案除了展示常规信息外，还要体现产品的优势和亮点。例如，某洗衣液的亮点是添加了香薰精油，香味清新，其产品详情页文案就可以重点突出这方面的信息，如图1-2所示。又如，某品牌银手镯的外观设计独特，上面印有虎年生肖图案，其产品详情页文案就重点展示了其外观设计上的亮点，如图1-3所示。

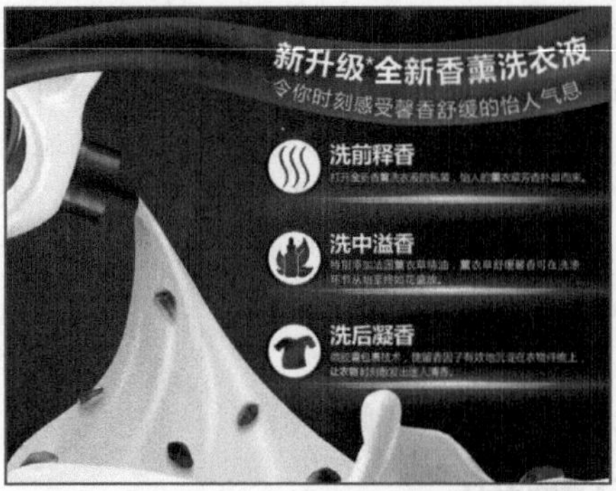

图1-2 展示产品亮点

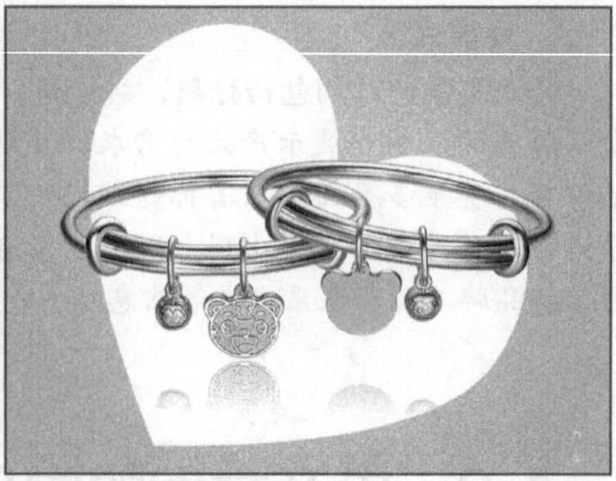

图1-3 展示产品外观设计

2．促销文案

无论是五一、国庆这类传统节日，还是“11·11”“12·12”等电商节日，各大电商品牌和网店的商家都会开展各种促销活动，以达到吸引消费者、增大网店流量的目的。商家为了宣传促销活动，会发布相应的促销文案，强调降价、打折、满减等活动，如“全场5折”“满500元就送200元抵用券”等。图1-4所示为促销文案。

图1-4 促销文案

3．海报文案

海报是常用的一种广告推广方式，其语言简明扼要、形式新颖美观，常以吸睛的视觉效果图配上简洁、生动的文字来展示产品和品牌的亮点。海报的应用范围非常广，常见于电影、戏剧、比赛等的宣传中。对于电商行业而言，海报主要用于产品介绍和品牌常规推广等领域。

与其他广告形式相比，海报具有艺术表现力丰富和视觉效果强烈等特点。随着社会的发展，海报也有了日新月异的变化，从材料的运用到创意的表现，都有了飞跃性的进步。现在的海报不再采用平铺直叙式的表达，而是融入了各种设计风格和创意，以更富有广告意图的形式呈现产品和品牌的亮点，以取得更好的宣传效果。图1-5所示为京东在端午节和“6·18”期间发布的海报文案，其将粽子、龙虾、荔枝等转变为可爱的卡通形象，并安排了一场龙舟赛，还设置了冲刺口号“6·18冲！”，巧妙地将“生鲜抢购”的主题融入了海报文案中。

图1-5　京东的海报文案

1.2.2　品牌类电商文案

品牌类电商文案主要是通过企业的品牌建设和宣传来促进产品的销售。品牌类电商文案是现在很多企业都会采用的一种宣传方式，其宣传效果比较好，成本也比较低。

品牌是品牌类电商文案宣传的主要内容，如果品牌类电商文案不够出众，就会使消费者忽略品牌，无法达成宣传目的。优秀的品牌类电商文案能创造出非常大的品牌影响力，有助于品牌形象的树立与传播，进而使消费者了解品牌、认可品牌。在塑造品牌形象的过程中，可以拟定如OPPO的“充电五分钟，通话两小时”、小米的“小米，为发烧而生”、江小白的“我是江小白，生活很简单”等品牌口号。耳熟能详的品牌口号更是对自身品牌的定位，消费者从字里行间能够清晰地感受到这些品牌独一无二的形象。另外，品牌口号也可以通过简单的文字内容结合具体的产品，展示品牌的产品形象。

此外，品牌类电商文案还可以是品牌故事，一个好的品牌故事能够体现品牌的核心文化，并达到广泛传播的效果。图1-6所示为某花生油品牌的品牌故事，该故事讲述了其传统榨油工艺的由来，体现了品牌的历史感，让消费者买得放心。

图1-6　某花生油品牌的品牌故事

案例 1：独特文案帮助五芳斋实现品牌创新

五芳斋是一个拥有悠久历史的品牌，最早可以追溯到1921年浙江商人张某某开设的“五芳斋粽子店”。五芳斋因粽子扬名，其粽子制作方法源于百年传承的传统技艺，该技艺于2011年被文化部收录进第三批国家级非物质文化遗产名录。因此可以说，五芳斋具有深厚的品牌文化底蕴。然而在新媒体时代，品牌营销呈现出年轻化的趋势，五芳斋也面临着品牌创新的考验。

2016年，五芳斋启动品牌年轻化战略，开展了一系列贴合年轻人喜好的营销活动，在这个过程中，五芳斋的文案发挥了重要作用。该品牌的文案一改之前中规中矩、严谨老成的风格，变得非常活泼搞怪、接地气。例如，五芳斋微信公众号发布的一则感谢用户支持的文案，其标题“感谢天感谢地感谢……”借用了一首“90后”熟悉的流行歌曲的歌词，让用户看到后不知不觉地在心中吟唱，趣味性十足。此外，五芳斋还制作了很多吸引力很强的视频文案，设计了一个个或无厘头或温暖或富有想象力的故事，如五芳斋视频文案“招待所”（见图1-7），将宇宙想象成一个粽子的形状，成功地吸引了年轻用户的关注，获得了良好的口碑。

自此，五芳斋每次发布重要文案，都会引发众多年轻用户的“围观”，好奇五芳斋又会带给人们什么样的惊喜。由此可见，五芳斋已经成功地蜕变为一个备受年轻用户喜爱的品牌。

图1-7　五芳斋视频文案“招待所”

1.2.3　推广类电商文案

推广类电商文案主要用于宣传推广企业及其产品或品牌，使产品或品牌被更多消费者知晓，并产生一定的经济效益。推广类电商文案可以在众多平台上发表，无论发表在哪一个平台上，只要能够引起消费者的兴趣，引发消费者的点击、转发、评论和点赞，就是一篇具有传播力和影响力的文案。按照平台的不同，推广类电商文案可以分为微信文案、微博文案、短视频和直播文案、社群文案等类型。

1．微信文案

微信是较热门的网络营销和推广平台，也是企业开展社会化媒体营销的主要平台。微信文案一般通过微信公众号或微信朋友圈进行扩散和传播。图1-8所示为伊利发布的微信文案。该文案设定了一个十分具有科幻色彩的场景——100年后的太空飞船，实则介绍了伊利在线下举办的创意展览，充满了独特的创意，也体现了伊利品牌的实力。

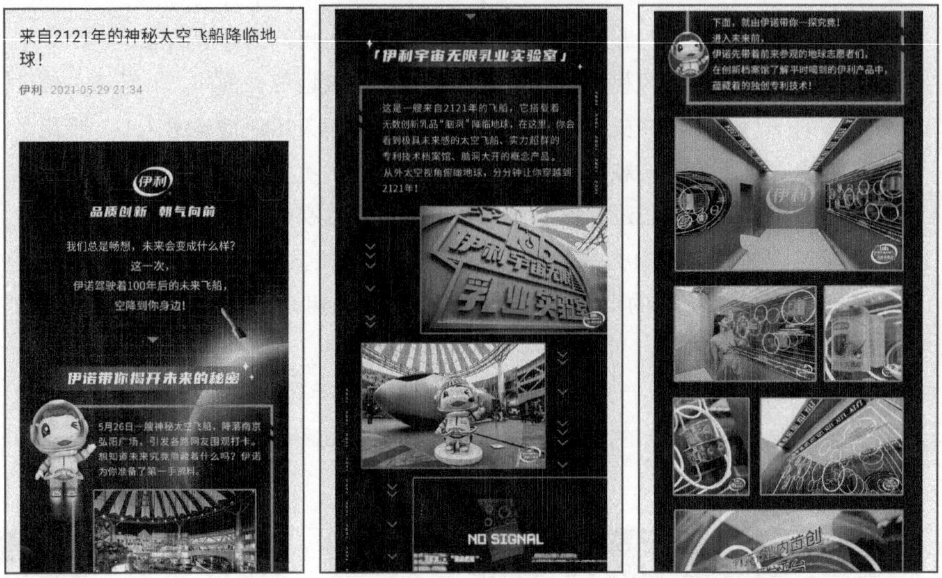

图1-8　伊利发布的微信文案

2．微博文案

微博是目前非常流行的信息分享与交流平台，使用人数众多，并且时效性非常强。电商文案创作者要想让微博文案得到广泛的传播，就必须紧紧抓住消费者的心理特征，或结合时事热点进行创作。图1-9所示为小米手机在父亲节期间发布的一则微博文案，其通过文字和视频的形式传达了对父亲们的祝福，十分应景，并侧面体现了小米手机的拍摄功能。

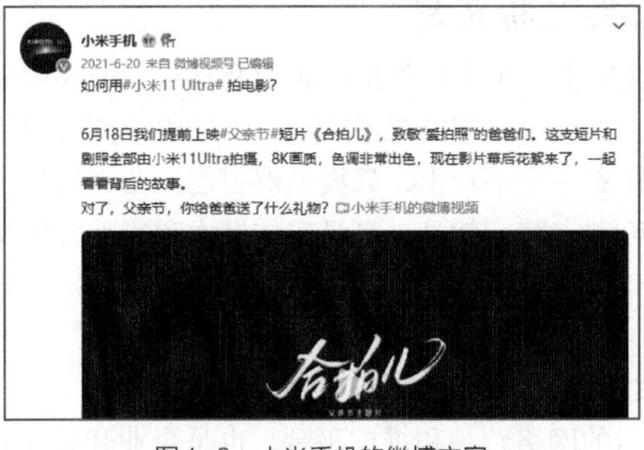

图1-9　小米手机的微博文案

3．短视频和直播文案

近年来，观看短视频和直播逐渐成为人们日常生活的一部分，越来越多的企业开始利用短视频和直播开展营销活动。短视频和直播文案作为重要的营销展示方式，在营销过程中也发挥了重要作用。短视频和直播较直观，而且人们在观看短视频和直播时通常习惯于快速切换内容，因此相应的短视频和直播文案要具备简洁、直白、表意清晰等特点，要能快速抓住消费者的眼球，让消费者在短时间内了解主要内容。图1-10所示为短视频文案和直播文案，其使用的就是“地摊柠檬茶”“直播宠粉”等简洁易懂的表达。

图1-10 短视频文案和直播文案

4．社群文案

在电商行业中，越来越多的企业开始利用社群开展营销活动。社群营销是一种基于圈子和人际关系的营销模式，通过将有共同兴趣爱好的人聚集起来，打造一个共同兴趣圈并促成最终消费。很多成员进入社群是希望获得有用的价值信息，因此电商文案创作者写作社群文案时要明确社群成员的共同喜好和需求，抓住社群成员的痛点。例如，某英语学习爱好者在社群推广英语培训课程的文案：“小伙伴们有没有这样的体会：背单词真的太难了！今天背了明天就忘，有时还会将两个单词混淆。前两天我无意间看到一个高效背单词的课程，老师教了一个很简便的背单词方法——词根记忆法，学会后，背单词快多了！”该文案抓住了英语学习者的痛点——背单词困难，很好地吸引了社群成员的关注。

1.3 优秀电商文案的特征

优秀的电商文案总是赏心悦目的，这些电商文案或洞悉人心，或短小精悍，或独具创意，或图文精美，总是能够给消费者留下深刻的印象，在不知不觉间向消费者传递产品和品牌理念，使消费者对产品和品牌产生好感。

通常，能够刺激消费、影响力大的优秀电商文案具有表达通俗化、富有创意、互动性强和语言简洁化等特征。

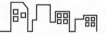

1.3.1 表达通俗化

表达通俗化是电商文案的基本要求。电商文案创作者与其将文案写得“文艺范儿十足”，让消费者摸不着头脑，还不如将文案写得简单通俗一些，让每个消费者都看得懂。在众多电商文案中，越是平实的文字越有效。具体而言，表达通俗化可以细化为以下3点要求。

- 语言表达要规范和完整，避免语法错误和表达内容残缺。
- 语言描述应该准确，避免产生歧义或误解。
- 语言符合表达习惯，不可自己创造词汇，并避免使用生僻、过于专业化的词语。

图1-11所示为某款电动牙刷产品详情页文案的功能介绍，它并没有用专业、晦涩的术语介绍产品升级的原理，而是叙述了不同模式的具体作用，并通过“手指从下往上滑，刷牙力度加强”“手指从上往下滑，刷牙力度变弱”这种浅显易懂的口语化描述，说明调节刷牙力度的方法。

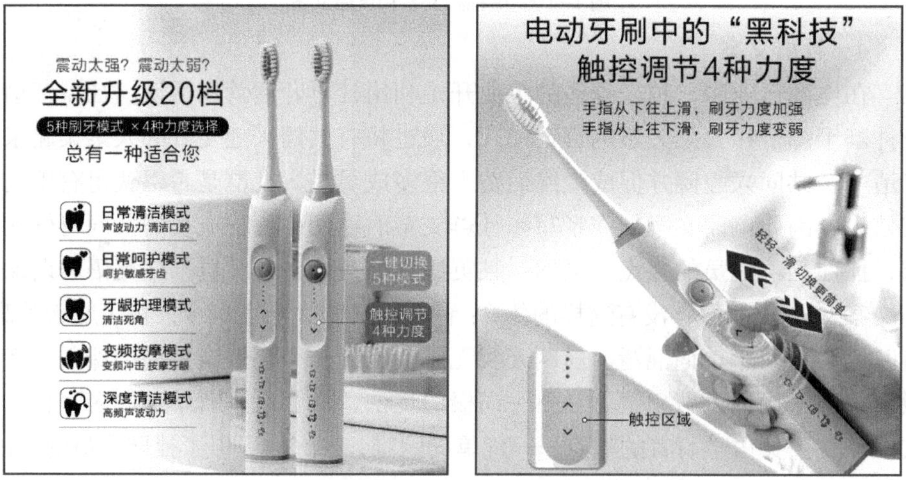

图1-11 某款电动牙刷产品详情页文案的功能介绍

1.3.2 富有创意

创意是通过创新思维，挖掘和创造新的资源组合方式，提升资源价值的方法。创意既是个性化的思维展示，也是对生活的总结与阐释。在广告、设计、写作等行业，创意是企业生存的基础。人们总是对新鲜的事物感兴趣，好的文案创意，不仅令人印象深刻，还能使文案拥有更好的传播效果。

创意的本质就是把别人不能联想在一起的事物，按照某种逻辑重新连接起来，创造出不一样的表现方法。正如某知名策划人所言：“创意要有‘创异性'！'创异性'更重要的一点是：不要重复我们司空见惯的生活。"

总之，电商文案创意的关键是摆脱惯性思维下的老生常谈，用全新的思维解读事物、联系事物、表达事物。例如，网易云音乐在中秋节期间发布了一则名为"把乐评写在月亮上"的视频文案，打破了中秋等于圆满的常规思维，将网易云音乐中与遗憾有关的乐评很有创意地"写"在了月亮上，如图1-12所示。

图1-12　网易云音乐"把乐评写在月亮上"的视频文案

1.3.3　互动性强

优秀的电商文案不仅要有说服力，还要能激发消费者互动。能引起消费者主动讨论的电商文案，才具有好的传播效果。

激发互动的电商文案使消费者不再只扮演围观者这一角色，他们也将成为内容的生产者和供应者。优秀的电商文案是时尚潮流的风向标，能够激发消费者创作更多创意内容，通过二次传播吸引更多消费者关注，提升产品和品牌的知名度。

案例 2：天猫"1 分钟活力挑战"文案引发众人参与相关活动

为了给奥运会预热，天猫曾发起"1 分钟活力挑战"活动，并发布了相关文案（见图1-13）。该活动邀请了4位奥运冠军，这4位奥运冠军向消费者发起了1分钟挑战——在1分钟内与奥运冠军比拼特定运动项目，如"空气游泳""爱的小碎步"等。这些挑战项目衍生于奥运项目里的动作，但降低了空间和技术要求，增加了趣味性，更加符合日常运动的需求。文案以"挑战××"开头，通过奥运冠军的影响力吸引关注，点燃消费者的参与热情，并使用干脆利落的语言描述了挑战项目，如"空气游泳，在陆地劈波斩浪"，突出了力量感和运动感。

图1-13 天猫文案

天猫在发布该文案的同时，还在微博、抖音等平台上创建了相关话题。文案和话题很快就获得了很多消费者的响应，他们纷纷模仿或者改编奥运冠军的动作，加入很多搞怪元素，并拍摄短视频发布到话题页面中参与挑战，创造出了很多趣味性很强的内容，引发了广泛的传播和讨论。

1.3.4 语言简洁化

在互联网环境下，消费者对一篇文案的平均关注时间是非常短的。因此，对于电商文案而言，在有限的篇幅下尽快吸引消费者注意力的关键是文案要简明扼要，概括地传递广告信息。为了实现广告信息传播的有效性，文案要以尽可能少的文字表达出产品的特点；为了方便消费者的阅读、理解和记忆，电商文案应言简意赅。例如，OPPO的文案“充电五分钟，通话两小时”，简明扼要地将“充电五分钟”的产品特征与消费者获得的好处“通话两小时”联系起来，简单、直接地突出了其手机“快充”的优势。

1.4 电商文案岗位认知

随着电商行业的发展，社会对电商文案岗位的需求越来越大。电商文案创作者要充分了解电商文案岗位的工作职责、能力要求，明确自己的努力方向，争取在电商文案岗位上发光发热。

1.4.1 电商文案岗位的工作职责

电商文案岗位的工作内容主要是为企业的产品、广告宣传等撰写相应的文案，涉及各种与电商的宣传、推广、营销相关的内容。总的来说，电商文案岗位的职责主要包括以下几项。

- 根据企业或品牌的定位及产品风格，对产品进行创意思考及文案策划。
- 分析市场上的同类竞争品牌，撰写品牌文案，提升企业或品牌形象。
- 挖掘产品卖点，跟进热点，编写能突出产品特点、展现产品价值、使消费者产生强烈购买欲望的产品描述。
- 写作产品详情页文案、海报文案、促销文案、品牌文案等各类文案。
- 写作新媒体平台（如微信、微博、短视频和直播平台）的推广文案。

1.4.2 电商文案岗位的能力要求

电商文案创作者要想胜任电商文案岗位，需具备的基本能力主要包括以下几项。

- **写作能力**。具体包括：文案的语法、逻辑等基本技能；文案语言风格的把控；文案具体内容写作时的灵活性，即根据文案类型的不同进行不同的描述；文案写作的技巧，如善用图片、音乐、视频、超链接等元素。
- **软件能力**。电商文案创作者除了应具有写作能力外，还需具备基本的软件操作能力，因为一些企业会让电商文案创作者同时承担文案的写作与排版设计工作。所以电商文案创作者要掌握美图秀秀、Microsoft Office等软件的操作。
- **审美能力**。只有电商文案创作者本身具备欣赏美的能力，才能写出让消费者觉得美的文案。对美的把握可从这些方面入手：文字排版（如版式的整体风格，字体大小、颜色，字间距，行间距等）、图文搭配、版面设计等。
- **分析能力**。电商文案创作者需要具备一定的分析能力，包括对市场和产品的分析，对目标消费群体及其需求和消费心理的分析等。通过分析，电商文案创作者能快速输出一个结构比较有条理的文案，使文案层次清晰，有理有据，具有针对性。杰出的分析能力能帮助电商文案创作者抓住产品的核心卖点，写出直击消费者痛点、转化率高的文案。
- **学习能力**。文案的写作是一个不断学习与积累的过程，学习能力强的人能在面对新事物时，取其精华，去其糟粕，能更快吸收新知识，将学到的知识转化为自己所需要的能力，并在此基础上创造出优秀的作品。
- **创新能力**。在市场中，新颖、有创意的内容可以使文案不落俗套，更容易引起消费者的注意，获得消费者的“叫好”。同时，创新能力强还意味着电商文案创作者可以适应时代发展的变化，让创造的文案始终保持竞争优势。因此，电商文案创作者还要注意创新能力的培养。

素养课堂

21世纪是一个科技高速发展的时代，创新无疑是时代进步的源泉。当代大学生应该紧跟时代发展的步伐，努力提升自己的创新能力，争取更好的发展机会，同时推动社会进步。

同步实训——电商文案岗位规划

微课视频

第1章 同步实训——电商文案岗位规划

【实训背景】

近年来，国家高度重视高校毕业生的就业问题，各地纷纷出台了一系列促进大学生就业的政策和措施，如某省于7月至12月集中开展了2022届离校未就业高校毕业生就业攻坚行动，通过专项就业帮扶措施促进大学生就业。

此外，各大高校也开展了对大学生职业规划方面的指导活动，激发大学生的创新活力。高某是成都某学院电子商务系的一名学生，她对电商文案岗位非常感兴趣。为真实全面地了解自己，明确学习和发展方向，高某决定就电商文案方向进行自己的职业规划。

【实训要求】

（1）做好自我分析。

（2）进入招聘网站，了解电商文案岗位的招聘情况。

（3）提出切实可行的个人目标、制订提升计划，最终撰写岗位规划。

【实训步骤】

（1）自我分析。从兴趣爱好、性格特征、职业能力、职业价值观等方面分析自我。

（2）职业分析。进入BOSS直聘等招聘网站，搜索电商文案相关的岗位，查看多个招聘企业的招聘信息后加以总结。

（3）提出目标。提出切实可行的个人目标，包括短期目标（1～2年内的目标）、中期目标（3～5年内的目标）和长期目标（5年以上的目标）。短期目标应具体、明确和可行；中期目标要具有一定的激励性；长期目标应尽可能地长远，可以不用太具体和详细。

（4）制订计划。根据个人短期目标，衡量现实与目标的差距，制订提升计划。

（5）撰写岗位规划。汇总上述内容，形成完整的电商文案岗位规划。图1-14所示为高某撰写的电商文案岗位规划。

电商文案岗位规划

姓名：高某

院校及专业：××学院电子商务系

一、自我分析

1．兴趣爱好

我喜欢阅读、写作，浏览网络热点新闻，并在抖音、微信、微博等平台中分享自己的生活和对实事的看法。

2．性格特征

我性格沉稳而有亲和力，善解人意，同理心强，待人真诚。

3．职业能力

我的思维能力和分析能力相对较强，能较好地表达自己的观点，有一定的创新能力。

4．职业价值观

我觉得写作和分享是一件很有乐趣的事情，我写作的文章能传达有价值的信息让我觉得很有成就感。

二、职业分析

目标岗位：电商文案编辑。

1．招聘企业数量

招聘电商文案编辑的企业众多，人才需求量较大。

2．未来能晋升到什么职位

电商文案编辑未来能晋升为内容主管/总监。

3．岗位职责

电商文案编辑的岗位职责多为：分析市场、产品和消费者，挖掘产品卖点；负责微信公众号、微博、抖音、小红书等平台文案的策划和撰写；负责产品详情页文案、促销文案、海报文案等的策划和撰写；负责品牌文案的策划和撰写；负责领导安排的其他事宜。

4．任职要求

电商文案编辑岗位多要求应聘者：具有本科及以上学历，熟练应用各类基础软件；中文、新闻广告、电子商务等专业；具备较强的图文编辑能力，有一定审美意识；具备独立撰稿、排版的能力；具备数据统计、分析的能力；对网络热点有较高敏感度，思维发散能力、创新能力强。

5．月薪范围

目前，电商文案编辑岗位在当地的薪酬为6000元～8000元。

三、提出目标

我将职业目标分为短期目标、中期目标和长期目标。

1．短期目标

在毕业后3个月内成功找到一份电商文案编辑工作。

2．中期目标

5年内晋升为内容主管。

3．长期目标

自主创业，组建一支专业的文案创作团队，为中小企业提供文案创作服务。

四、制订计划

为成功应聘电商文案编辑岗位，我还需要提高文案写作能力、数据分析能力等，因此决定制订以下计划。

（1）每3天写作一篇文章，并阅读一篇阅读量较高的网络文章。

（2）多阅读文案写作的相关书籍，掌握更多文案写作技巧。

（3）查看巨量算数等数据网站，分析热门关键词的数据变化情况及对应的人群画像等数据。

图1-14　电商文案岗位规划

思考与练习

1. 选择题

（1）【多选】通俗易懂的电商文案创作需要满足的要求有（　　）。

A. 语言表达要规范和完整，避免语法错误和表达内容残缺

B. 语言描述应该准确，避免产生歧义或误解

C. 语言符合表达习惯，不可自己创造词汇

D. 避免使用生僻、过于专业化的词语

（2）【多选】电商文案的常见类型包括（　　）。

A. 展示类电商文案　　B. 品牌类电商文案

C. 推广类电商文案　　D. 视频类电商文案

（3）【单选】电商文案岗位职责不包括（　　）。

A. 根据企业或品牌的定位及产品风格，对产品进行创意思考及文案策划

B. 挖掘产品卖点，编写能突出产品特点的产品描述

C. 写作产品详情页文案、海报文案、促销文案等各类文案

D. 与微信、微博平台的粉丝互动

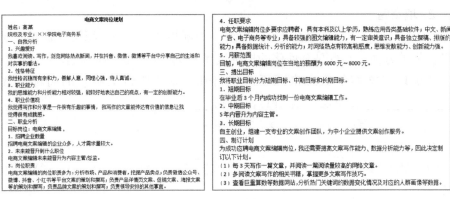

（4）【多选】电商文案与传统文案的区别包括（　　）。

A. 传统文案不易转载，传播力度小，而电商文案传播范围非常广泛，且传播速度较快

B. 传统文案用语正规，而电商文案用语更加自由

C. 传统文案没有图片，电商文案大量利用图片

D. 传统文案字数较多，电商文案十分简短

2. 填空题

（1）__________是通过创新思维，挖掘和创造新的资源组合方式，提升资源价值的方法。它既是个性化的思维展示，也是对生活的精炼总结与阐释。

（2）现代文案的概念来源于广告行业，是“广告文案”的简称，常以__________来表现广告信息，包括__________、__________、__________等。

3. 判断题

（1）电商文案创作者不需要掌握美图秀秀、Microsoft Office等软件的操作。（　　）

（2）文案的写作是一个不断学习与积累的过程，电商文案创作者在面对新事物时要全盘吸收，充分利用网络上的所有热点。（　　）

4. 操作题

图1-15所示为龙头防溅头的电商文案，请阅读后回答以下问题。

（1）该文案属于哪种类型的电商文案？

（2）该文案是如何吸引消费者关注的？

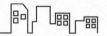

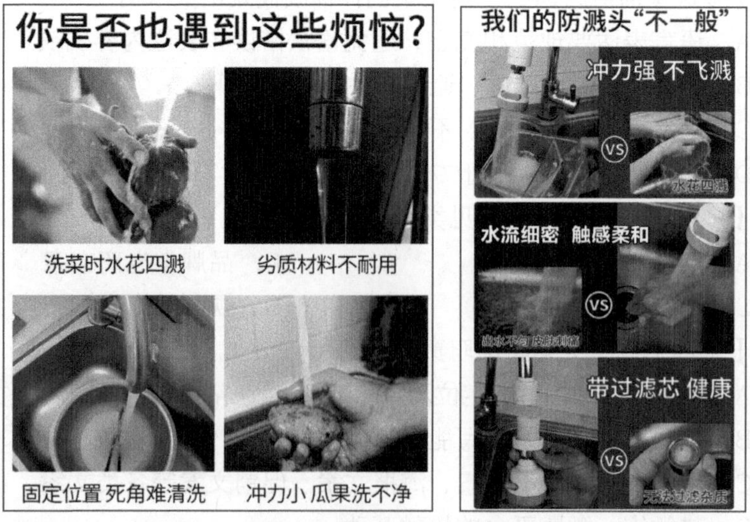

图1-15　龙头防溅头的电商文案

第2章 电商文案写作的前期准备

案例导入

味全每日C近两年调整了目标消费群体的年龄层，将其定位为20～30岁的年轻白领。味全每日C经过深入调查，发现这部分消费群体的思维活跃，喜欢轻松、可爱、新鲜的事物。因此，味全每日C推出了系列瓶身文案，如熊本熊系列的“当萌不让”“夸我”，哆啦A梦系列的“睡到自然醒”“稳住，能赢”，emoji（一种表情包）系列的“闪亮的你，要喝果汁”“个性的你，要喝果汁”等。文案轻松、幽默、可爱的语言风格让消费者感到非常亲切好玩，获得了很不错的反响。

由此可以看出，写作电商文案前的准备工作十分重要，只有把握了消费者的喜好、心理特征，才能选择合适的文案主题、风格及诉求方式，进而写出符合消费者兴趣偏好的文案。当然，除了消费者，对于市场和产品的分析也是必不可少的准备工作。

学习目标

- 掌握分析市场、产品与消费者的方法
- 掌握常见电商文案的创意思路
- 掌握完善电商文案整体构思的方法

素养目标

- 养成关注经济环境的习惯，提高自己的市场敏锐度
- 提高个人综合素质，找到自己想要从事的事业并为之奋斗

2.1 分析市场与产品

通常来说，电商文案是为商业目的服务的，需要为企业和品牌带来商业利益。因此，电商文案创作者在写作电商文案前有必要分析市场与产品，了解市场行情、企业实力，并对产品进行定位、提炼产品卖点。

2.1.1 分析市场行情

市场行情分析是指通过调查，了解市场的行业现状、竞争格局及发展趋势等的分析方法，可帮助企业了解市场信息，正确认识自身的行业地位，以更好地确定文案写作的方向。电商文案创作者可以通过社会调研或者专业数据机构（如艾媒网）等渠道获取市场的相关信息，再进行分析；也可以直接使用数据工具（如百度指数、巨量算数等）分析市场行情。

电商文案创作者多使用数据工具分析市场行情。例如，电商文案创作者需要分析连衣裙市场的行情，可以前往巨量算数搜索“连衣裙”关键词，查看该关键词的搜索指数变化情况（见图2-1），以及关联分析（见图2-2）、人群画像等（见图2-3），进而分析对应市场的行情。

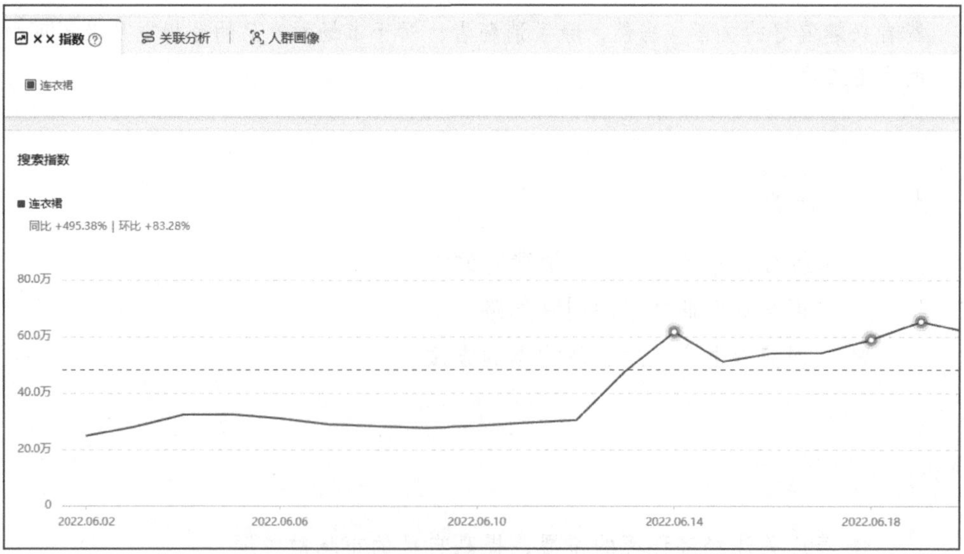

图2-1 搜索指数变化情况

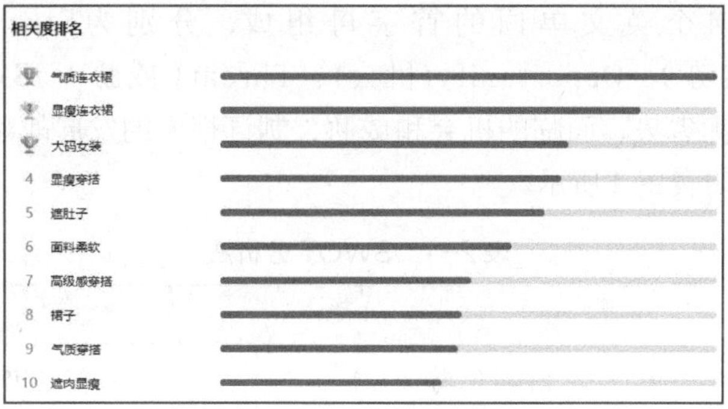

图2-2 关联分析（相关度排名）

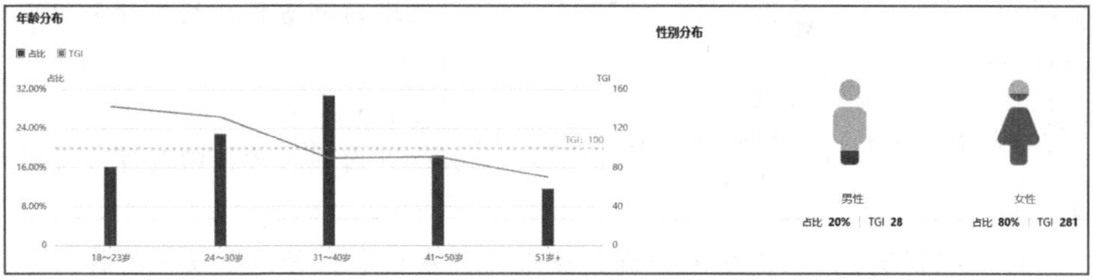

图2-3 人群画像（年龄分布、性别分布）

从图2-1可以看出，“连衣裙”关键词在查询期间保持着相对较高的热度，说明连衣裙有一定的市场需求。从图2-2可以看出，连衣裙相关度排名中的热词包括显瘦连衣裙、大码女装、面料柔软等，说明显瘦、大码、面料柔软是连衣裙的热门属性，拥有这些属性的产品具有较高的市场需求。同时，从图2-3可以看出，关注连衣裙的消费者主要是24～40岁的女性（注：TGI是Target Group Index的缩写，即目标群体指数）。

素养课堂

除了关注行业市场之外，电商文案创作者还需要经常关注宏观的经济环境，如通过国家统计局的官方网站、中国政府网等网站了解新的统计数据和国家政策，以提升市场敏锐度，拓宽视野。

2.1.2 使用SWOT分析法评估企业实力

了解市场行情后，企业还需要明确自身实力，对自己形成一个准确的定位。SWOT分析法是一种基于内、外部竞争环境和竞争条件的态势分析方法，通过列举并依照矩阵式排列的方式，对所评估对象进行全面、系统的分析，得到准确率较高的结果，进而根据结果进行运营战略的制定及调整。

SWOT由4个英文单词的首字母组成，分别为Strength（优势）、Weakness（劣势）、Opportunity(机会)、Threat（威胁）。SWOT分析法是通过评价企业优劣势、面临的机会和威胁，制订相应的发展战略、计划等的一种分析方法，如表2-1所示。

表2-1　SWOT分析法

		内部环境	
		内部优势（S）	内部劣势（W）
外部环境	外部机会（O）	SO战略 依靠内部优势，利用外部机会	WO战略 改进内部劣势，利用外部机会
外部环境	外部威胁（T）	ST战略 依靠内部优势，回避外部威胁	WT战略 改进内部劣势，回避外部威胁

- **S（优势）**：主要用来分析企业或商品在成本、营销手段、品牌力等方面有什么长处和竞争点。
- **W（劣势）**：主要分析企业或商品本身有哪些弱势的地方，竞争对手是否避免了相应问题，竞争对手做得好的原因；还要分析受众反馈的企业或商品存在的不足之处，总结自己的失败原因。
- **O（机会）**：分析实现企业内部所规划目标的机会在哪里，短期目标如何实现，中期目标如何实现，实现长期目标要依靠什么；分析企业外部有什么发展机会，包括人们观点的变化、商品的更新换代、新的营销手段出现、销售渠道拓宽等。
- **T（威胁）**：分析有哪些因素可能会不利于企业的发展或商品的营销，这些因素包括行业发展的趋势、国家政策导向、经济形势以及来自竞争对手的威胁，然后分析是否有不利因素出现并寻求规避方法。

素养课堂

SWOT分析法除了用于企业分析外，还可以用于个人分析。对于大学生而言，SWOT分析法有助于形成清晰的自我定位，客观认识职业自我、明确职业目标、正确评估职业生涯。

下面以休闲食品品牌良品铺子为例对SWOT分析法予以介绍和说明，如表2-2所示。

表2-2 良品铺子SWOT分析

		内部	
		优势（S）	劣势（W）
		产品都经过了严格把关，质量有保障；已经树立了不错的品牌形象；成功上市，能够筹集足够的资金；开设了2000多家线下门店	产品种类虽多，但可复制性强，产品特色不够
外部	机会（O）	SO战略	WO战略
	休闲食品行业发展势头强劲带来机会；互联网的高效性为产品的销售提供了契机	利用本身资金优势加大宣传力度，充分利用各大互联网平台进行营销，同时加快线下门店开拓速度，以扩大市场份额	利用网络调研充分了解市场与消费者的喜好，制定新的产品策略
	威胁（T）	ST战略	WT战略
	目前休闲食品品牌众多，市场竞争越来越激烈，消费者可能转而购买其他品牌的产品	发挥线下门店数量多的优势，进一步打通线下线上渠道，优化线下门店服务，为消费者带来差异化的购物体验	充分利用现有资源，开发更多富有特色的产品

2.1.3 定位产品与卖点提炼

对于很多文案而言，产品是其核心，要打动消费者，文案要对产品有明确的表述，通过卖点来打动消费者。这就要求电商文案创作者对产品有清晰的定位，并能提炼产品的卖点。

1. 定位产品

对产品进行定位有助于电商文案创作者形成对产品的全面认识，写出准确描述产品的文案。通常电商文案创作者在定位产品时可以考虑以下问题并给出答案，根据答案，消费者可以对产品的定位有一个比较确切的认识。

- 产品的主要功能是什么？
- 产品区别于其他产品的特点是什么？
- 产品的优势在哪里？
- 产品的实用价值是什么？
- 产品针对的受众群体是哪些？
- 产品能帮助受众解决什么问题？
- 产品是否经济实惠？

- 产品的购买渠道是什么？
- 产品有无优惠活动？
- 产品配有哪些售后服务？
- 购买过产品的受众的反馈是什么？

2．提炼产品卖点

卖点是指产品具备“人无我有，人有我优，人优我特”的特点。这些特点一方面是产品本身具备的，另一方面是通过电商文案创作者的想象力、创造力产生的。无论卖点从何而来，只要能使之落实于营销战略中，转化为消费者能够接受、认同的利益和效用，就能达到树立品牌形象、促进产品销售的目的。

电商文案创作者提炼产品卖点的常用方法是FAB法则，即属性（Feature）、优势（Advantage）和益处（Benefit）法则，它是一种说服性的销售技巧，在产品卖点提炼中也十分常用。FAB法则中，F、A、B所代表的含义如下。

- F代表产品的特征、特点，是产品最基本的功能，主要从产品的属性、功能等角度来进行潜力挖掘，如超薄、体积小、防水等。
- A代表产品的优点，需要从消费者的角度来考虑，如思考消费者关心什么、消费者心中有什么问题，然后针对问题从产品优点角度来提炼卖点，如方便携带、电池耐用。
- B代表产品的优点、特点带给消费者的好处、益处，应该以消费者利益为中心，强调消费者能够得到的利益，以激发消费者的购物欲望，如视听享受、价格便宜等。

其实，也可以简单地将FAB理解如下。

- F：产品有什么特点，产品的特色是什么？
- A：产品的特点、特色所呈现出来的优势是怎样的？
- B：产品具体能给消费者带来什么利益？

一般来说，从产品的属性出发来挖掘消费者所关注的卖点是较常用的方法。对每个产品都能够很容易地发现F，每一个F都可以对应到一个A和一个B。需要注意的是，消费者最关注的往往是产品的作用和直接的收益。

以某款吸尘器为例：该吸尘器的主机重量仅1.3千克；具有高性能电机，转速高达11.5万转/分；尘杯可拆卸、水洗。通过FAB法则进行分析后，可得到吸尘器的卖点如表2-3所示。

专家点拨

除了FAB法则外，九宫格思考法、要点延伸法也是提炼产品卖点常用的方法。这两种方法将在第3章进行具体讲解，这里不赘述。

表 2-3　吸尘器的卖点

序号	F	A	B
1	主机轻便	单手持握	打扫轻松不费力
2	电机转速高	吸力强劲	粉尘垃圾无残留
3	尘杯可拆卸	尘杯可水洗	清理尘杯更省事

2.2 分析电商文案的目标受众

微课视频

2.2 分析电商文案的目标受众

电商文案不一定要靠华丽的辞藻、对仗工整的句子来吸引消费者的注意，只要写出洞察消费者心理诉求的内容，就可以引起消费者的注意。而要写出洞察消费者心理诉求的内容，电商文案创作者首先要分析消费者，明确创作的电商文案给谁看、消费者想看到什么、消费者喜欢什么样的电商文案等问题，这样才能写出真正打动消费者的文案，从而促使消费者做出购买决策。

2.2.1　为消费者画像

任何产品都有它针对的、固定的消费群体，如书包的消费群体是学生，近视眼镜的消费群体是近视群体，母婴用品的消费群体是母婴群体等。不同的产品又会涉及细分的消费群体，比如香水的消费群体主要是女性，那么哪个年龄段的女性更需要香水，什么职业、状态下的女性是它的主导消费群体？因此，电商文案创作者需要对消费者进行画像，明确产品的目标消费者属于哪一类群体，在购买能力、行为上有什么特征，只有这样才能写出有针对性的电商文案。

知识链接

消费者数据的采集与分析

为消费者画像是根据消费者的基本属性、生活习惯和消费行为等信息而抽象出标签化的模型的过程。为消费者画像包含以下5个方面的内容。

- **消费者的固定特征**：性别、年龄、受教育水平、职业等。
- **消费者的兴趣特征**：消费者的兴趣爱好，如喜欢外观精致的物品、流行歌曲，热爱阅读、旅行，对美食、购物感兴趣等。

- **消费者的社会特征**：生活习惯、婚恋情况、人际交往及家庭环境等。
- **消费者的消费特征**：收入状况、购买水平，以及产品的购买渠道、购买频次和购买产品类型的偏好等。
- **消费者的动态特征**：消费者当下的需求，周边有哪些商户等。

为消费者画像后便可为其贴上“标签”，然后用“标签”对消费者进行分类。例如，一个“80后”消费者喜欢上午11点在生鲜网站买菜，晚上6点回家做饭，周末则喜欢去家附近吃烤肉。根据这些描述就可以为该消费者贴上“80后”“生鲜”“烤肉”“居家”等标签。又如，一位消费者经常在社交网站上分享旅游照片，其服装、背包等都是同一品牌，根据这些描述，即可为该消费者贴上“旅游爱好者”“某品牌控”等标签。电商文案创作者基于消费者画像的描述及其“标签”，就可以确定创作电商文案的风格，撰写出对目标消费群体有吸引力的内容。例如，某日用品网店的目标消费者画像为：生活在三线、四线城市的中年女性，喜欢性价比高的产品，重视产品的实用性和耐用性。其产品详情页文案中就更多地强调了产品的性价比高、耐用等，如图2-4所示。

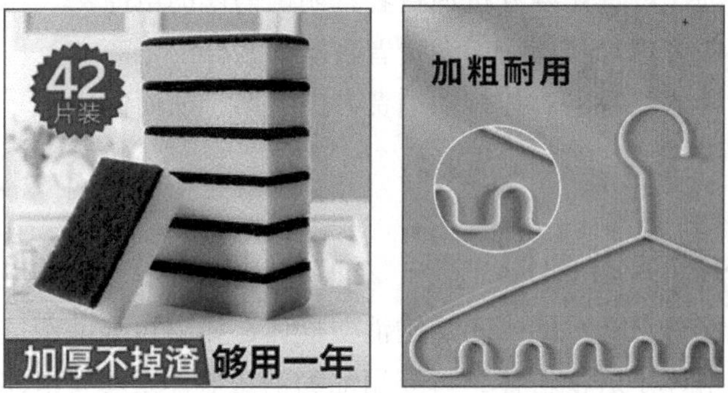

图2-4　某日用品网店产品详情页文案

2.2.2　了解消费者的购买动机

消费者在选购产品时都有促使其做出购买决策的驱动力，这就是所谓的购买动机，如实用动机、健康动机、求美动机、求新动机等。电商文案创作不是以“我”为中心来阐述产品或服务的，而是要站在消费者的立场，分析不同环境下消费者的消费动机，找到消费者真心“想要”或“渴望”的内容。因此，电商文案创作者只有从消费者的购买动机出发写作电商文案，才能使电商文案更有说服力，才能使消费者产生购买欲望。

例如，以中年女性为主要消费群体的服装产品，这部分女性有两个较核心的购买动机：一是保持青春活力；二是希望自己变得更有魅力。那么电商文案创作者针对这类消费群体，就需要在产品描述中体现出可以打动并满足其需求的文案。

图2-5所示为某品牌的服装产品文案，该文案用“简约优雅”“喜欢自己简单干净的样子”“作一首带有韵脚的诗”来描述产品，既直观地描述了产品的特色，又正好满足了目标消费群体的内心需求，能够更好地促使她们做出购买决策。

图2-5　某品牌的服装产品文案

2.2.3　分析消费者的购买心理

购买心理就是消费者在购买产品时的一系列心理活动。通过分析消费者的购买心理，电商文案创作者可以更加准确地定位消费者的购买行为，创作出对消费者更有吸引力的电商文案。消费者主要有以下几种购买心理。

1．从众心理

“随大流”就是典型的从众心理。个体受到外界群体行为的影响，而在自己的知觉、判断、认识上表现出符合公众舆论或和多数人相同的行为方式，就是典型的从众心理现象。针对这类购买心理，一些品牌的电商文案常通过呈现很多人在某场景下同时使用或追捧某产品来暗示该产品受欢迎的程度，如“3亿人都在‘拼多多’”等。

2．实惠心理

具有实惠心理的消费者追求物美价廉的产品，相对于外观、样式等，他们更看重产品的功能和实用性，对价格低廉、经久耐用的产品更感兴趣，且购买力惊人。如果产品定位于这类消费者，电商文案可以通过强调产品的性价比，如强调产品的效用和功能，并适时进行优惠促销等方式，吸引这类消费者。例如，“满两件打8折”“第二件半价”等文案就非常吸引具有实惠心理的消费者。

3．求异心理

求异心理指消费者追求个性化、彰显与众不同的个人品位的一种心理现象。Jeep汽车的品牌文案“大众都走的路，再认真也成不了风格。#每个人心中都有一个Jeep#”不仅彰显了Jeep与众不同的品牌形象，同时又满足了消费者追求个性化的心理需求。

4．好奇心理

好奇心是人类重要的本能之一。对于消费者而言，他们会对少见、超常、奇异、独特的产品表现出浓厚的兴趣。利用消费者的好奇心理进行创作时，电商文案创作者可以通过制造悬念或采用暗喻的形式，为消费者留下无尽的想象空间，引起消费者主动讨论，同时加深消费者对文案的印象。图2-6所示为五芳斋发布的微博文案，该文案通过“人类的下一个宇宙的循环”等表述制造了很大的悬念和神秘感，让消费者对视频内容产生了好奇，吸引消费者进一步查看视频。

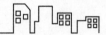

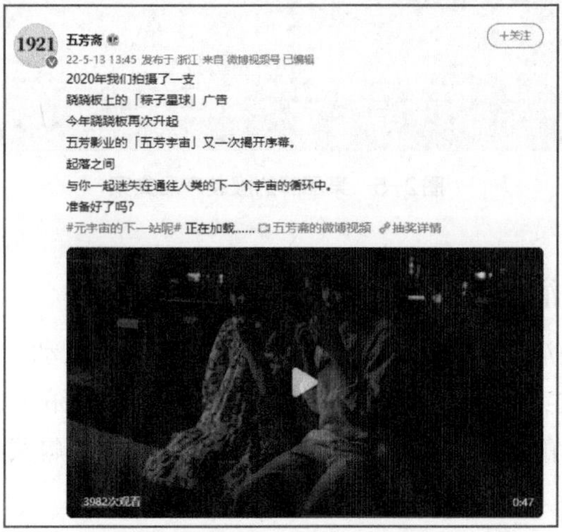

图2-6　五芳斋发布的微博文案

5. 恐惧心理

恐惧指对某些事物或特殊情境产生比较强烈的害怕情绪。因为缺少安全感，所以消费者会选择有安全保障的产品或服务；因为害怕变胖，所以消费者会购买低糖的食品。在电商文案写作中，电商文案创作者可以先引发消费者的恐惧心理，然后再为其提出解决方案，如“怕上火，喝王老吉”等。

6. 名人心理

名人心理指追求名人效应的一种心理现象。名人效应指名人的出现所达成的引人注意、强化事物、扩大影响的效应，或消费者模仿名人的某些行为或习惯的心理现象的统称。名人代言、行业权威人士宣传产品都是企业常见的利用名人效应的营销手段。网店中的产品标题常常通过“××（名人）同款”的文字描述来获得具有名人心理的消费者的关注。

2.2.4　了解消费者喜欢的电商文案

一般来说，文案写作有两大法则：一是文案的写作方向要有很高的价值，二是写出来的文案要让消费者喜欢。消费者喜欢什么样的电商文案呢？什么样的电商文案才能吸引消费者的注意呢？显而易见，乏味、千篇一律的内容，很容易被消费者忽视，他们通常喜欢阅读、欣赏富有趣味性的电商文案、权威性的电商文案和不像广告的电商文案。

1. 富有趣味性的电商文案

相对于那些枯燥无味的电商文案，消费者更喜欢阅读富有趣味性的电商文案，因为富有趣味性的电商文案使人放松，能够给消费者带来快乐。要想把电商文案写得有趣，电商文案创作者可以使用第一人称撰写故事，让消费者自我代入，或者直接在文案中采用诙谐幽默的语言表达方式来增加文案的趣味性。例如，高德地图的某则文案“前方道路拥堵，但你仍然在最佳路线上”，通过轻松诙谐的语言缓解了驾驶者对道路拥堵的烦心，拉近了与消费者的距离，增加了消费者对品牌的好感。

2. 权威性的电商文案

权威具有使人信服的力量，可以减轻人们对某个事物的怀疑。在众多相似产品中，消费者缺少足够的分辨能力去辨别哪一类产品的性能更佳，哪一个品牌的产品功能更强大、更有安全性等，所以他们愿意相信权威性的内容描述。在权威性的电商文案撰写中，为凸显产品的专业性，可以借助权威机构的专业认证或知名人士的推荐来说明产品的特点和优势。图2-7所示为某图书的产品详情页文案，该文案通过知名媒体的评价来说明该图书的可读性。

3. 不像广告的电商文案

消费者通常不喜欢强制植入式的广告，直接叫卖产品的电商文案反而起不到推广和促销的作用。很多时候，引起巨大反响，受到广泛传播的恰好是那些不像广告的电商文案。例如，五芳斋发布的一则名为“走近科学，走近月饼”的视频文案（见图2-8），就模仿电视节目《走近科学》的风格，以纪录片的形式对月饼进行了科普。视频大多在介绍月饼从古至今的“进化”过程，以及历史上人们与月饼的故事，只是在最后植入了五芳斋新品月饼的相关信息。这则不像广告的文案让消费者眼前一亮，纷纷感叹：五芳斋其实是一个影视公司。

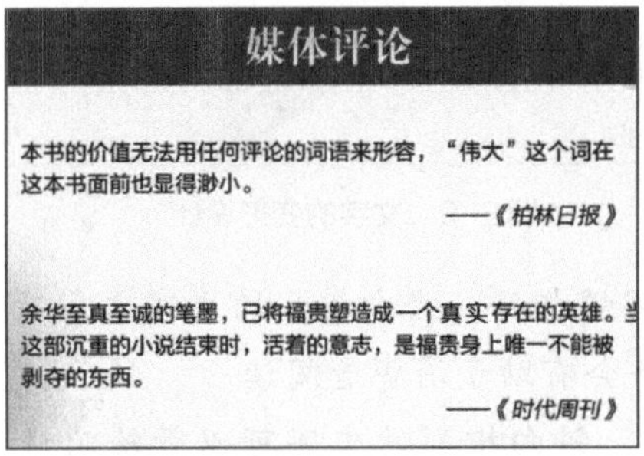

图2-7 某图书的产品详情页文案

图2-8 五芳斋发布的视频文案

2.3 选择合适的创意思路

在电商文案创作中，创意是不可或缺的。成功的电商文案不仅要有说服力，还要有传播力，创意的好坏会直接影响电商文案的传播效果。好的文案创意，不仅使消费者印象深刻，更能引起消费者主动讨论的兴趣。下面介绍常见的电商文案创意思路。

2.3.1 用平面艺术设计体现创意

平面艺术设计是电商文案中比较容易体现创意的项目。电商文案创作者可以通过对文字、图片、色彩等元素的组合，在电商文案中进行平面艺术设计，从而表达电商销售的目的和意图。要用平面艺术设计来体现创意，电商文案创作者就需要具备一定的平面设计基础。

知识链接

电商文案常用字体

1. 文字创意

文字创意可通过根据文字的特点将文字图形化来实现，赋予文字更多想象空间，如美化文字笔画、使用形状包围文字、采用图案替代文字笔画等，图2-9所示为文字的变形设计。电商文案创作者可以使用Photoshop等专业图形图像处理软件，对比较复杂的文字进行效果设计。

图2-9 文字的变形设计

文字创意也可以通过调整文字的方向来实现。设置不同的文字方向，不仅可以打破定式思维，增加美感，还可以强调文案的特色，引起消费者的注意。文字的方向除了横向，还包括竖向、斜向等。

- **竖向**。中文文字竖向排列与传统习惯相符，竖向排列的文字通常显得高级、有韵味，如果加上竖式线条会有助于消费者阅读。
- **斜向**。中英文文字都能斜向排列，斜向排列的文字可以带给消费者强烈的视觉冲击。设置斜向排列的文字时，内容不宜过多，且配图和背景图片最好与文字一起倾斜，让消费者顺着图片将注意力集中到斜向的文字上。文字斜向排列如图2-10所示。

图2-10 文字斜向排列

2．图片创意

图片在视觉上具有强烈的冲击力，能够对消费者产生吸引力，继而让消费者了解其要表达的含义。对于图片文案而言，不能只有创意表现，还需要与产品和品牌有所联系，通过形象化、场景化的表达打动消费者，以达到较好的产品和品牌宣传效果。图2-11所示为李宁在端午节发布的海报文案，其不仅加入了粽子、龙舟等端午节元素，还巧妙地将运动鞋融入其中。图2-12所示为老板电器在中秋节发布的海报文案，其将蒸烤炸一体机化作街边店铺，并放置在图片中央，成功吸引了消费者注意。

图2-11 李宁的海报文案

图2-12 老板电器的海报文案

2.3.2 故事是文案创意的好素材

通常情况下，故事性的创意文案更能让消费者记忆深刻，能够拉近消费者与品牌的距离，让消费者不自觉地产生消费行为。电商文案创作者在创作故事性的电商文案时，可以从品牌或产品的故事出发，如从品牌的成长过程，或企业管理运营过程中与经销商、员工之间发生的故事展开，也可以站在消费者的角度去构建。

案例 1：讲述生活细微处的美好——某雪糕品牌文案

某雪糕品牌发布了一则名为“少年”的视频文案，该文案分别描绘了职场人、独居女生、老奶奶等5类人群的平凡生活小片段。例如，职场人在下班路上一边吃着雪糕一边童心大发地玩跳房子小游戏，独居女生窝在家里躺在床上吃雪糕，小孩边吃雪糕边对着风扇哈气，老奶奶坐在老伴的自行车后座吃雪糕等。这些片段虽然短小，但是已经构成一个能展现人物性格的小故事，体现了生活细微处的美好，凸显了同一个主题——少年，告诉人们：只要有心，谁都可以成为少年。而该品牌雪糕作为几个小故事里的共同道具，扮演着维系少年心的角色。主角吃完雪糕后雪糕棒露出的文字恰好与他们的日常生活相互映射（见图2-13），从侧面传达出“吃××雪糕，享受美好人生乐趣”的主张。

图2-13 某雪糕品牌发布的文案

2.3.3 对比是创意的捷径

要形成创意，可以使用一个十分容易操作的方法——对比法。对比法可以通过两种对立的元素来突出文案的主题或观点。使用对比法的好处在于它能很好地突出文案所要表达的内容，从而给人留下深刻的印象。对比法大致可以分为两类：一类是数字类的对比，这种对比方式能够量化数据，比较直观、简单；另一类是抽象概念的对比，比如使用忠实与不忠实的对比（即忠实度）来表现品牌多年来始终提供优质产品，这种对比方式能够很好地传递品牌的情感或情绪。无论是用数字做对比，还是用抽象的概念进行对比，都能很好地形成一种张力，从而增强文案的表现力，加深文案在消费者心中的印象。

例如，某知识付费课程的宣传文案“每天半小时，搞懂一本书”就将“每天”“半小时”与搞懂一本书的时间（对大多数人来说需要花很多时间）相对比，让消费者在潜意识中认为只要购买这个知识付费课程就可以快速读懂书，进而认为这个课程十分值得购买。

2.3.4 打破消费者的心理潜规则

迫于“约定俗成”的思路，如“我是新员工”“我没精力”“能力不够”“成本太高”等，人们有太多想说却没能说的话、想做却没能做的事。如果有人打破了这些限制，说出了人们想说但没有说出的话，完成了人们想做但没能去做的事，就能给其他人提供自己说这些话、实际做这些事的情绪体验的参考。

如果将这种思维运用于文案创作中，从打破消费者心理潜规则的角度构思文案，说出消费者想说却不能说的话，完成消费者想做却不能做的事，就会获得消费者的好感。例如，父亲节当天，在各大品牌的文案都在赞美父爱如山时，麦当劳发布了一则文案“父亲节开心，长不大的老爸们”，打破了“父亲都是顶天立地、稳重如山的”心理潜规则，告诉人们其实父亲也是有童心的，让父亲这个形象更加立体、饱满，也因此在众多文案中脱颖而出。

2.4 完善电商文案的整体构思

完善电商文案的整体构思是正式写作电商文案前的重要一步。在这个阶段，电商文案创作者需要明确电商文案的主题、电商文案的诉求方式及风格。

2.4.1 确定电商文案的主题

任何形式的文案都有一个主题，电商文案也不例外。电商文案的主题就是其要表达的核心思想，用于增强文案的诉求力，让消费者对产品或品牌有深刻的印象，激发其产生购买的欲望。通常而言，电商文案主题应该与目标消费群体相关联，以引起这部分消费者的共鸣。例如，目标消费群体是学生，就可以选择与考试、就业、食堂等相关的主题；目标消费群体是成熟男性，就可以选择与职场、事业、婚姻等相关的主题。此外，电商文案主题还可以与热点事件相关联，通过热点事件的热度来吸引消费者关注。

案例 2：让优秀有更多可能——蒙牛优酸乳文案

目标消费群体为年轻人的蒙牛优酸乳发布了一则名为“我要我的优秀”的视频文案（见图2-14）。该文案首先讲述了几位年轻人的困惑：如果不能参与社团、校外实习等通常人们认为可以展现优秀能力的活动，自己是否还算得上优秀。然后又展现了他们直播带货、发明扫地机器人、自制音乐视频时的风采，以此告诉人们：和参与社团相比，直播带货也是一种优秀；和有实习经验相比，发明扫地机器人并创业也是一种优秀；和熟练工作相比，自制音乐视频也是一种优秀。当视频中出现“每一种优秀的想法，都是一种优秀的可能”字样时，整个文案的主题便凸显出来了：优秀不该被局限于某种框架里，开放包容能让优秀的人越来越优秀。

该文案通过对年轻人的困惑的把握，鼓励年轻人坚持个性、发挥专长，追求属于自己的优秀，因而让年轻人备受鼓舞，使得该文案在网络上广泛传播。从某种意义上说，正是该文案的主题才让其取得了如此好的传播效果。

图2-14　蒙牛优酸乳发布的视频文案

素养课堂

随着我国经济和社会的发展，越来越多的新兴职业开始出现，如主播、自媒体博主等。这些新兴职业为年轻人的就业提供了更多的选择，让更多年轻人可以将自己的兴趣爱好与职业结合起来，也激发了我国经济创新驱动发展的潜能。

2.4.2　选择电商文案的诉求方式

电商文案的诉求即企业或品牌通过电商文案向消费者传递产品或品牌的信

息，吸引消费者的关注，最终达到引导消费者购买的目的。如果婴儿通过啼哭向妈妈示意肚子饿了，那么“啼哭”就是婴儿的诉求方式。

电商文案有3种常用的诉求方式，即理性诉求、感性诉求和情理结合。电商文案创作者在文案写作中可以结合产品或服务的特点及诉求对象的特征，选择合适的诉求方式。

1．理性诉求

顾名思义，理性诉求即“以理服人”，这种诉求方式通过摆事实、讲道理为消费者提供购买产品或服务的理由。理性诉求需要客观真实、理性准确地传达产品或服务的功能性、实用性利益，为诉求对象提供有价值的信息。在通常情况下，科技产品或拥有独特配方的产品会选择采用理性诉求。理性诉求的一般思路是：明确传递信息，以具有逻辑性的说辞加强诉求对象对产品或品牌的认知，引导诉求对象进行分析判断。

理性诉求一般可从3个角度切入：一是用数据说话，如“充电五分钟，通话两小时”；二是直接讲事实，如“美团外卖，送啥都快”；三是用场景创造实际利益点，如“怕上火，喝王老吉”“百度一下，你就知道”。

例如，某浴室清洁剂的主要特点是“强力清洁”“不损伤家具”，在产品详情页文案中就分别通过使用前后对比图、权威机构出具的抗腐蚀性能检测报告等内容来证明其特点，以充分的理由来说服消费者，如图2-15所示。

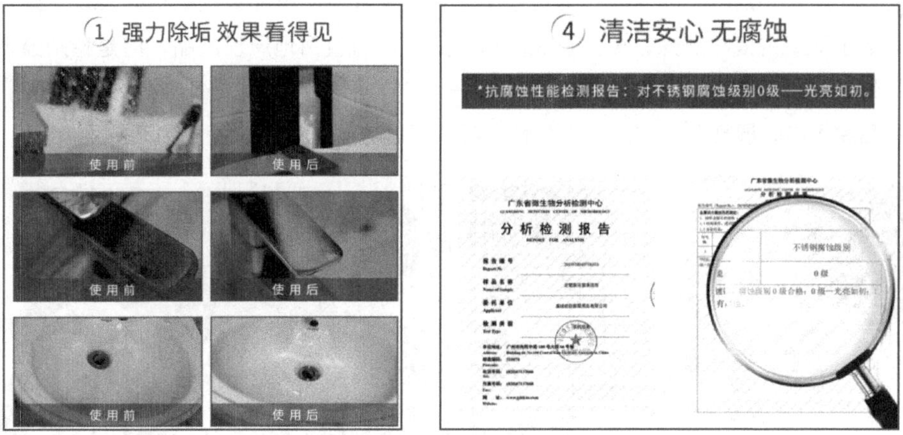

图2-15　某浴室清洁剂产品详情页文案

2．感性诉求

感性诉求即“以情动人”。感性诉求不从产品本身的特点出发，而是运用产品所固有的或人为附加的情感来触动消费者的内心情感，引起消费者的共鸣。通过感性诉求，消费者得到的是对产品的一种感性认知。感性诉求可以改变消费者对产品或品牌的态度，从而使消费者对产品或品牌产生好感。感性诉求的基本思路是以人性化的语言描述打动消费者的内心，与消费者拉近距离，让消费者获得分享产品所带来的某种愉悦的精神享受，使消费者与品牌之间建立情感联系，对产品或品牌产生情感化的偏爱。常见的感性诉求切入点有爱情、亲情、友情，以及生活情趣（如享受悠闲、品味幽默、满足好奇心）等。

案例 3：书写关于家和爱的记忆——欧派“寻脸启事”视频文案

在中秋节期间，欧派发布了一则名为“寻脸启事”的视频文案（见图2-16），讲述了一对年轻夫妇为完成外公的夙愿付出各种努力修复外婆照片的故事。故事开头，外公搬进新家，本是件高兴的事，然而他提起客厅墙壁上挂着的残破的黑白结婚照就不免神伤，因为照片里的妻子已然面目模糊。这对年轻夫妇想修复这张照片，然而他们都没有见过外婆，因此他们踏上了“寻脸”之路，想通过AI技术智能生成、询问亲戚等方式来达成目的，然而都失败了。随后，他们又回到外婆的家乡，发布了“寻脸启事”，遍访当地村民，在经历了不少坎坷后，终于找到了当年拍摄结婚照的摄影师，在他那里找到了一直保留的原照。这对年轻夫妇将修复好的结婚照送给外公作为中秋节礼物，外公颤抖着双手抚摸着照片，回想起当年拍结婚照的情景，并对着结婚照上年轻的外婆说了一句“好久不见”。

欧派用一则“寻脸启事”书写了一个普通家庭关于家和爱的记忆，表现了老人对妻子深沉的爱与思念，感人至深。这则文案没有直白地展现产品，而是特别强调了情感，最终落脚到“每个人都值得独一无二的团圆，每个家都值得特别的定制”的品牌主张，展现了品牌的人文关怀，呼应了欧派“家”和“爱”的品牌主旨。

图2-16　欧派发布的“寻脸启事”视频文案

3．情理结合

情理结合的诉求方式要求既要“以理服人”，又要“以情动人”。它可以灵活地运用理性诉求的各种手法，也可以加入感性诉求的各种情感内容。因为兼具感性诉求和理性诉求的手法，所以情理结合的诉求方式非常受欢迎，但前提是产品或服务的特性、功能、实际利益与情感内容有合理的关系。

情理结合的诉求方式在产品详情页文案中也很常见。它的基本思路是：采用理性诉求传达客观信息，使用感性诉求引发诉求对象的情感共鸣。比如，某款足疗机的产品详情页文案，一方面通过“爱不等待，孝不迟疑”来表达消费者对父母的情感，如图2-17所示；另一方面通过详细展现产品的专利技术来理性地告知消费者产品的按摩功能十分强大，如图2-18所示。

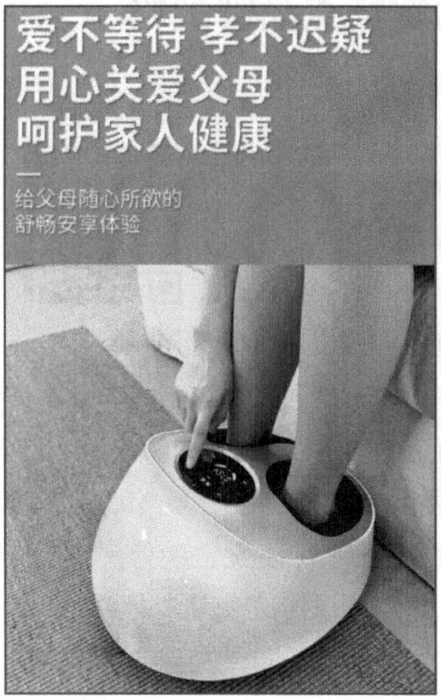

图2-17　感性诉求

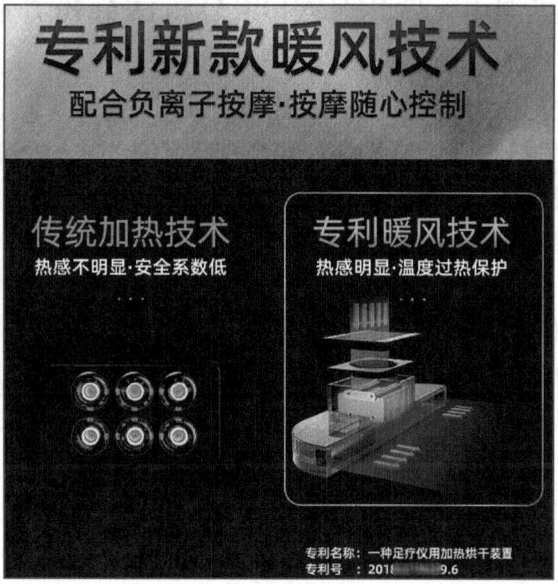

图2-18　理性诉求

2.4.3　明确电商文案的写作风格

回顾很多品牌的成长历程可知，它们之所以能够风靡互联网，是因为它们都具有明显的品牌风格。所谓“见文知人”，如果将品牌比作一个形象化的人，那么品牌电商文案的风格就能体现出其性格。电商文案创作者在创作电商文案时，根据不同的产品类型，可以选择不同的风格，如淘宝女装店“步履不停”基于对文艺女青年的心理洞察，电商文案主打文艺风，如“风和风中的鸟，阳光和它带来的影子，苏醒的节奏，这些构成了春天”“温柔的人，会细数每一道时间的纹格，人群的脚步，灰尘的漂浮”等，这些文案十分细腻，充满了文艺气息，语调平缓、自然，给人一种清新淡然的感觉。

“步履不停”的文案在介绍服装细节时，也没有采用理性诉求的方式，而是依然用比较文艺的语言风格来表达。比如，在产品详情页文案中用“竹纤维做的衬衫，静得能听见竹子生长的声音”说明衬衫的材质；用“蓝色的衣服，像杜撰了一面湖”来描述服饰的颜色。

同步实训

实训1 使用SWOT分析法分析并制定糕点品牌战略

【实训背景】

微课视频

第2章 同步实训1——使用SWOT分析法分析并制定糕点品牌战略

30年前，糕点品牌甲品牌在上海××路诞生。刚开始甲品牌只拥有一家小小的门店，其创始人秉持着诚信经营、精益求精的信念，不断推陈出新，逐渐将甲品牌发展为知名品牌。如今甲品牌隶属于××食品集团（旗下拥有多个品牌，采用标准化管理），主要生产销售的产品包括蛋糕、面包、月饼等，其特点是口感、包装好。甲品牌在一线、二线城市拥有上千家门店，于2022年进驻三线城市A市（该市以重工业发展为主，近年来产业转型，经济发展势头一般）。在A市，甲品牌同时采用线上线下渠道，不仅通过门店销售产品（门店规模大，装修精致上档次，投入大），而且还在美团、饿了么注册开店，然而，日成交量却不多。

A市主要的糕点品牌有乙品牌、丙品牌、丁品牌，这些品牌的定价比较亲民。例如，同样为8英寸（1英寸≈2.54厘米）的蛋糕，甲品牌售价为300～500元/个，而其他品牌的售价为100～200元/个。根据A市消费者的消费水平，他们更愿意选择价格亲民的乙品牌、丙品牌、丁品牌。不过A市也有一部分消费者有相对较强的消费能力，他们对食品品质的要求较高，对乙品牌、丙品牌、丁品牌的满意度不高。

【实训步骤】

（1）使用SWOT分析法分析甲品牌在A市的优势、劣势、机会和威胁。

（2）为甲品牌制定发展战略，包括SO战略、WO战略、ST战略、WT战略。

【实训步骤】

（1）分析甲品牌的优势。甲品牌隶属于××食品集团，企业组织与管理水平高，有相对较长的发展历史；食品口感好，在一线、二线城市的分店有上千家。

（2）分析甲品牌的劣势。食品价格相对较高，且门店装修投入大，前期收益不佳，暂时处于亏损状态。

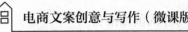

（3）分析甲品牌的机会。在A市，定位中高端的糕点品牌只有甲品牌，A市的一部分消费能力较强的消费者对于品质高、价格相对较高的食品有自用和送礼的需求。

（4）分析甲品牌的威胁。短期内A市的经济发展形势一般，很多消费者的消费意愿会受到影响。

（5）为甲品牌制定SO战略。SO战略要依靠内部优势，利用外部机会。因此甲品牌可以利用品牌优势，加大宣传力度，突出本品牌食品的品质高（包装和口感），塑造有档次的品牌形象，以挖掘有较强消费能力的潜在消费者。具体可以利用本地微信群、本地生活服务网站等线上渠道，还可以在市民广场、小区门口开展试吃活动。

（6）为甲品牌制定WO战略。WO战略要改进内部劣势，利用外部机会。因此甲品牌可以对A市消费能力较强的消费者进行有针对性的营销，如邀请其加入会员、提供专属服务，争取将其转化为忠实消费者，为甲品牌带来可观的收入，以改进暂时处于亏损状态的劣势。

（7）为甲品牌制定ST战略。ST战略要依靠内部优势，回避外部威胁。因此甲品牌可以凭借消费者对老品牌的信任，推出“预付消费”模式，如先充值后消费模式（充值300元赠送50元优惠券，优惠券只能在充值后的一个月内使用），充值相当于提前绑定了消费者的未来消费，利用优惠券可以刺激消费者在一定期限完成消费行为，以回避消费者消费意愿降低的威胁。

（8）为甲品牌制定WT战略。WT战略要改进内部劣势，回避外部威胁。因此甲品牌可以先推出几款定价中等（A市普通消费者能接受）的小尺寸蛋糕等，以吸引更多消费者入店，打造品牌人气，并通过产品的口感营造良好的口碑，后期再根据情况调整产品线。

实训2　为拍立得相机策划文案

【实训背景】

近年来，随着我国社会经济的发展和科技的进步，智能手机已经越来越普及，这让普通大众也能享受随时拍照记录生活的乐趣。虽然智能手机已经能承担大部分日常拍摄任务，然而，拍立得相机凭借着拍摄后能即刻印出相片的功能依然受到一部分消费者的喜爱。

微课视频

第2章 同步实训2——为拍立得相机策划文案

某网店有一款外观时尚、操作便捷的拍立得相机（见图2-19），售价为499元，其镜头圈采用透明设计，有类似毛玻璃的质感，支持自动曝光和自拍模式。该产品一经推出就获得了很多消费者的好评，如图2-20所示。然而，拍立得相机面临很多竞争产品的冲击，销售势头有所减弱，该网店分析后认为其文案主题不明确、吸引力不强，因此决定重新为其策划文案。

图2-19　拍立得相机

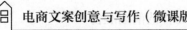

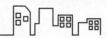

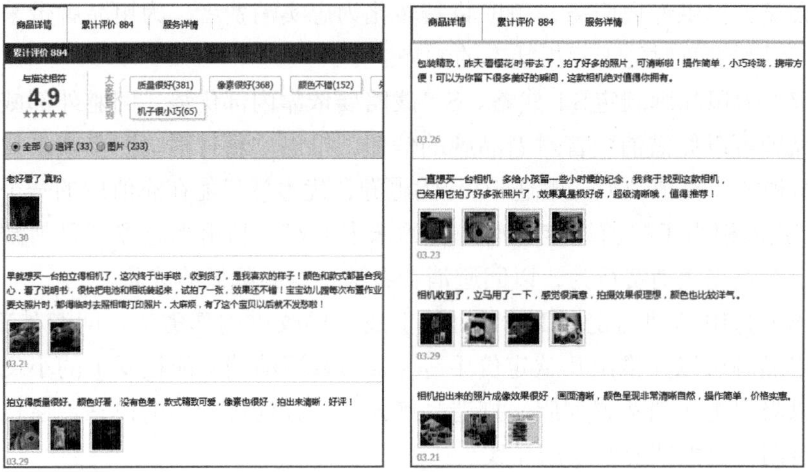

图2-20　消费者的评价

【实训要求】

（1）为这款产品定位目标消费群体。

（2）分析消费者购买该产品的动机。

（3）确定该产品文案的主题和诉求方式，并写作简短的文案。

【实训步骤】

（1）定位目标消费群体。从这款拍立得相机的价格、外观、功能方面来定位该产品的目标消费群体。

- 与同类型的拍立得相机比价，这款拍立得相机的性价比较高，499元的定价适合大众消费。
- 这是一款外观时尚的拍立得相机，该相机的消费群体定位在20～30

岁的年轻女性，能满足其追求时尚、潮流的属性。

- 20～30岁的年轻女性中，充满活力的大学生群体和经济独立、积极自信的职业女性是购买这款拍立得相机的主力军，她们对新鲜的事物感兴趣，青睐高效率、操作便捷的产品，拍立得相机即拍即得和“傻瓜式”的拍照功能符合她们的需求。

（2）分析消费者的购买动机。结合产品的功能特点和已购买该产品的消费者的评价，可以得出消费者有以下4种购买动机。

- **追求时尚**：消费者喜欢该相机小巧玲珑、时尚靓丽的款式设计，并且该相机拍照的成像效果较好。
- **记录生活**：消费者可以记录生活中的点点滴滴，如小孩的成长过程、大自然的美丽景色等。
- **分享喜悦**：消费者可以记录生活中的美好时刻，随时随地分享喜悦。
- **居家装饰**：消费者可以用拍摄的照片制作照片墙，或将照片贴在衣帽间、冰箱上，为生活增添情趣。

（3）确定文案主题和诉求方式。由于该相机的目标消费群体为追求时尚、喜欢分享生活的年轻女性，因此可以将文案主题确定为时尚潮流、分享生活。考虑到女性感情细腻的特点，以及该相机时尚、美观的卖点，可以选择感性诉求的方式，从分享生活情趣、喜悦等的角度来打动消费者。例如，“被时尚唤醒的拍立得相机，拥有它，让你即刻开启时光之旅，随时随地记录生活，分享喜悦，留住美好瞬间”。

思考与练习

1. 选择题

（1）【多选】消费者画像包含的方面有（　　）。

A. 消费者的固定特征　　B. 消费者的兴趣特征

C. 消费者的社会特征　　D. 消费者的消费特征

（2）【多选】消费者主要的购买心理包括（　　）。

A. 从众心理　　B. 实惠心理

C. 求异心理　　D. 好奇心理

（3）【单选】电商文案常用的诉求方式不包括（　　）。

A. 理性诉求　　B. 感性诉求

C. 情理结合　　D. 价格诉求

（4）【单选】下列关于FAB法则的说法，不正确的是（　　）。

A. F代表产品的特征、特点，是产品最基本的功能

B. A代表产品的特征发挥的优点及作用，要从产品自身的角度来考虑

C. B代表产品的优点、特点带给消费者的好处、益处

D. F是属性（Feature）的缩写

2. 填空题

（1）＿＿＿＿＿＿指消费者追求个性化、彰显与众不同的个人品位的一种心理现象。

（2）＿＿＿＿＿＿＿是指通过调查，了解市场的行业现状、竞争格局及发展趋势等的分析方法。

（3）SWOT由4个英文单词的首字母组成，分别为＿＿＿＿＿＿＿＿、＿＿＿＿＿＿、＿＿＿＿＿＿、＿＿＿＿＿＿。

3. 判断题

（1）情理结合的诉求方式兼具感性诉求和理性诉求的手法，要求既要“以理服人”，又要“以情动人”。（　　）

（2）在众多相似产品中，消费者缺少足够的分辨能力去辨别哪一类产品的性能更佳，哪一个品牌的产品功能更强大、更有安全性等，所以他们愿意相信权威性的内容描述，以帮助他们做出购买决策。（　　）

4. 操作题

（1）请前往巨量算数网站，查询并分析“空气炸锅”的搜索热度和关联热词，以及关注该产品的人群的地区、年龄、性别分布情况。

（2）现有一款儿童手表（见图2-21），价格为599元，配有高清彩屏，功能包括实时视频通话、实时微聊、智能定位、深度防水、接收短信、移动支付，支持超长续航。此外，手表还获得了多项权威认证，全国售后网点多达2000多个。请分析其目标消费群体画像，购买动机、购买心理，以情理结合的方式创作电商文案。

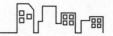

图2-21　儿童手表

第3章 电商文案写作的切入点

案例导入

儿童节期间，各大品牌纷纷发布了与儿童节热点相关的文案，如伊利优酸乳文案“童心依旧，酸甜如初”，麦当劳文案“在麦当劳，你永远可以做个小朋友”，航班管家App文案“依旧保持探索天空的好奇”，美的冰箱文案“妈妈又在冰箱里藏了什么？”这些文案充满了童趣，让成年人看到也仿佛回到了童年，且热点与品牌产品之间的关联也十分自然。

如今，越来越多的电商企业和商家热衷于以热点话题作为写作切入点来创作电商文案。因为关注热点话题的人群基数大，为电商文案的传播提供了基础，所以，每当出现热点话题时，各大电商企业和商家都会借助热点话题为自己的产品和品牌造势。可见，写作电商文案时找到一个好的切入点是非常重要的。当然，除了借助热点话题、新闻事件等创作电商文案外，电商文案创作者还可以以产品核心卖点为写作切入点创作文案。

学习目标

- 掌握电商文案创意写作的4种经典思维
- 掌握以产品核心卖点为切入点的写作方法
- 掌握通过关联法找到电商文案写作切入点的方法

素养目标

- 不夸大产品卖点，实事求是
- 不制造争议和冲突，传递正能量

3.1 电商文案创意写作的4种经典思维

众所周知，电商文案需要展现产品卖点，如产品质量、设计、包装的优点等，但是如何挖掘产品卖点，以便更快速、高效地写出区别于同类产品的创意文案呢？电商文案创作者需要了解电商文案创意写作的4种经典思维，运用这些写作思维能够迅速地搭建电商文案的写作框架。

3.1.1 九宫格思考法

九宫格思考法是一种利用九宫格发散思维，帮助创意产生的简单练习法，很多人都使用这种方法构思电商文案写作方案、企划案和演讲PPT的结构等。

九宫格思考法有助于人的思维发散。利用九宫格思考法构思电商文案时，首先需要绘制一个正方形，然后将其分割成九宫格，并在中间方格内填上产品名称，最后使用以下两种思路来扩充九宫格其他8个方格内的内容。

- 在其他8个方格内填写所能想到的有助于销售的产品优点（卖点），不用刻意思考优点之间的关系，如图3-1所示。
- 以不同的思考角度或方向来扩展九宫格其他8个方格内的内容，如围绕产品的功能、产品获得的荣誉、产品外观等方面的优势来构思电商文案的创作要点，如图3-2所示。

优点	优点	优点
优点	产品	优点
优点	优点	优点

图3-1 任意填写产品优点

功能	荣誉	数量
价格	产品	技术
材料	外观	质量

图3-2 从不同角度提取要点

例如，下面是某取暖器的产品信息和特点。

- 使用蜂窝快热型电暖气片，整体升温，达到恒温只需6秒，不会散发异味。

- 使用过程中没有噪声，比其他同类产品功耗更低，可以遥控调节功率，使用方便。
- 无棱角设计，不易磕碰，有防烫罩和30度倾斜断电保护，使用安全。
- 可作为烘衣架使用，烘干衣物耗时短，并具备空气加湿功能。

了解取暖器的特点后，就可使用九宫格思考法，提取该产品的卖点，如图3-3所示。一一分析这些卖点，再与市场上的同类产品电商文案进行比较，就可以创作出一个有吸引力且与众不同的电商文案。

无异味	6秒加热	多功能
无噪声	某取暖器	防烫
低功耗	30度倾斜断电	防磕碰

图3-3　提取产品卖点

专家点拨

运用九宫格思考法时，除了在中间方格内填写产品名称外，还可以填写品牌名称，或者将消费者作为思维发散的主体，在其他8个方格内以消费者画像、消费者需求、消费者痛点等为扩展方向，构思电商文案的写作方向。

3.1.2　要点延伸法

要点延伸法是从1到n的过程，它将产品特点单点排列，再针对单点进行要点延伸，丰富电商文案写作的素材、观点，使电商文案更具有说服力。如果说九宫格思考法是对产品卖点（特点）的思考，那么要点延伸法则是对产品卖点（特点）的展开和内容的扩充。要点延伸法要求对产品有更加深入的使用体验、产品认知等方面的叙述，其目的是将产品卖点的原始描述衍生为对目标消费群体起作用的电商文案。要点延伸法如图3-4所示。

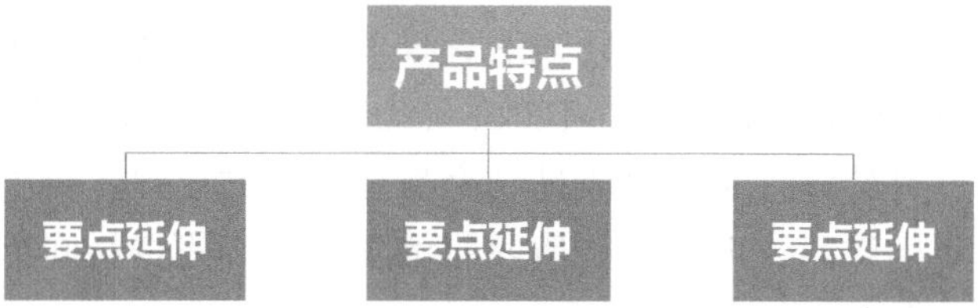

图3-4　要点延伸法

案例1：淘宝网某品牌插线板产品详情页文案

要点延伸法适合运用在产品详情页文案的创作中，它可以帮助电商文案创作者快速充实产品详情页的基本信息。图3-5所示为淘宝网某品牌插线板的产品详情页文案。其首先展示了该产品的主要特点——安全，然后针对这个产品特点，采用了要点延伸法进行延伸，分别从阻燃外壳、加粗铜芯线、儿童安全门设计等方面说明该产品为什么能确保使用安全，有效地增强了文案的说服力。

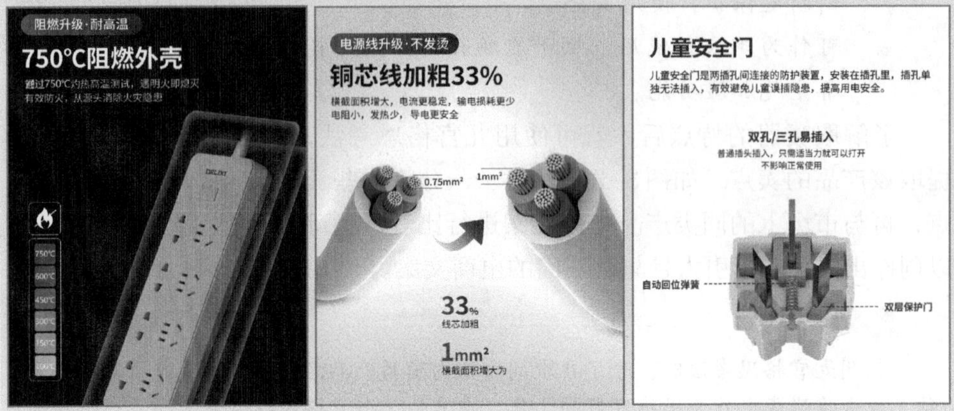

图3-5　某品牌插线板的产品详情页文案

3.1.3　五步创意法

美国的广告大师詹姆斯·韦伯·扬在谈论具体的创意步骤前，特别强调了广告创意的两项重要原则：一是创意是对原来很旧的要素做新的组合；二是创意能力的大小，关键取决于对事物间互相关系的了解。基于这两项原则，詹姆斯·韦伯·扬提出了五步创意法，即用5个步骤完成广告创意。五步创意法同样适用于电商文案的创意写作，具体的步骤如下。

（1）收集资料阶段。收集资料阶段是收集原始资料的过程，通常可将原始资料分为一般资料和特定资料。一般资料是指人们日常生活中令人感兴趣的事物，特定资料是指与产品或服务有关的各种资料。电商文案创作所需的素材大多从这些资料中获得，因此要获得有效、理想的创意，原始资料必须丰富。

（2）检查资料阶段。这个阶段是一个反复思考的过程，要求电商文案创作者思考和检查原始资料，理解分析所收集的资料，寻找资料间存在的关系，找出创意的主要诉求点。

（3）酝酿孵化阶段。酝酿孵化阶段是相对轻松的阶段，这个阶段主要受个人的思维能力及前期准备情况的影响。一般情况下，电商文案创作者不需要做其他的事情，只要顺其自然即可。简而言之，就是将问题置于潜意识之中。例如，有时候尽管非常用心，甚至不眠不休地思考和研究资料，然而效果并不如意；但是当放松思维，去做其他的事情时，比如看书、写字时，忽然就找到了创意灵感。

（4）产生创意阶段。詹姆斯·韦伯·扬认为，如果创作者认真踏实、尽心尽力地做了上述3个步骤，那么，第4步也会自然而然地完成。创意通常都是在不知不觉中产生的，因为“无意识思维”状态是创意到来的最佳时机。换言之，创意往往是在竭尽心力，停止有意识的思考，经过一段停止搜寻的休息与放松后出现的。

（5）修正创意阶段。前面4个阶段产生的创意只存在于大脑中，是一种理论上的东西，并且不一定成熟和完善。若想创意符合具体条件或实际要求，使新的构想更加成熟、完善，电商文案创作者通常还需要将创意输出到纸面上，并进一步修正。

3.1.4 头脑风暴法

电商文案的存在为产品和品牌赋予了一件新的外衣，使消费者能愉快地接受这些事物，而要达到宣传推广作用还需要创意。创意是电商文案比较重要的元素，而头脑风暴法是常用的比较直接的创意生成方法。

头脑风暴法是现代创造学奠基人亚历克斯·奥斯本提出的一种创造能力的集体训练法，他鼓励人们打破常规思维，无拘束地思考问题，从而在短时间内产生新观念或创新设想。在不受限制的情况下，集体讨论问题能激发人的想象、热情及竞争意识，从而发挥创造性的思维能力，去思考、讨论与电商文案主题相关的关键词、电商文案写作的风格或在电商文案中搭建具体化的使用场景等。

头脑风暴法的实施方式通常是举行一个研讨性的小型会议，使与会者可以畅所欲言，相互启发，产生更多创意想法。头脑风暴法的实施要点如表3-1所示。

表3-1 头脑风暴法的实施要点

构成	实施要点
会前准备	会议要有明确的主题；会议主题要提前通报给与会者，让与会者有一定的准备，使与会者清楚会议提倡的原则和方法；选择主持人，主持人要负责引导会议并确保与会者遵循基本规则
参会人数	最佳人数为10～12人，最多不超过15人
会议时长	一般控制在20～60分钟
人员配置	设一名主持人，主持会议但对设想不做任何评论；设1～2名记录员，完整记录所有与会者的想法，并进行归类；其他与会者最好由不同专业或不同岗位的人员组成
会议要求	不要在思考过程中评价设想，要在完成头脑风暴后再进行评价；尽可能多说出些设想意见，不要害怕自己的意见不被采纳；看法越多越好，着重于看法的数量，而不是质量；提倡自由发言，鼓励巧妙地利用和改善他人的设想

3.2 以产品核心卖点为写作切入点

以产品核心卖点为写作切入点，是写作电商文案比较直接的方式。在写作前，电商文案创作者必须先明确一个好的核心卖点是如何定义的。只有明白衡量标准，在核心卖点中找到一个合适的切入点，电商文案创作者才能有效地进行电商文案的写作。

3.2.1 认识核心卖点

产品的卖点有很多种展示角度，可以是产品的材质、外观、工艺，也可以是产品的附加价值等，但是核心卖点只有一种，它是产品最有竞争力的卖点，并且能让产品与其他同类产品区分开来。例如，提到立白洗涤用品，就会想到“不伤手”的产品特点，“不伤手”就是立白洗涤用品的核心卖点。洗涤用品有很多卖点，如无添加、清洁力强等，但这些都不是立白的核心卖点，因为大多数的洗涤用品都具备这些卖点。由于其他同类洗涤用品没有主打“不伤手”的特点，所以这个卖点区分开了立白和其他品牌。此外，这个卖点也具有较强的竞争力，是消费者非常需要的一项产品特质，便于从情感的角度唤起消费者对产品的认可。与立白相比，汰渍洗涤用品的核心卖点则是去除顽固污渍，“有汰渍，没污渍”，既强调了竞争力，又使汰渍洗涤用品区别于其他同类产品。

素养课堂

卖点不是品牌自卖自夸的说辞，不能凭空捏造。提炼卖点要以实际的产品、实力为依据。例如，京东物流服务的宣传卖点是“当日达”和“次日达”，是以自身实力为基础做出的保证，如果京东未能提供这样的物流服务，就会对自身品牌造成负面影响。

3.2.2 核心卖点的表现形式

在当前电商市场环境下，产品同质现象严重，因此，一个产品要实现突围，就需要找到其核心卖点。电商文案创作者如何为产品提炼出吸引消费者关注的核心卖点呢？要解决这个问题，首先需要了解核心卖点的表现形式。核心卖点通常有新卖点、超级卖点、独家卖点3种表现形式。

1. 新卖点

所谓新卖点就是卖点与同行的卖点有所不同。做品牌营销实际就是在做

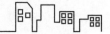

“不同”，一个卖点能让产品区别于其他同类产品，让消费者耳目一新，那么这个卖点就将具备较大的竞争力。

新卖点应当是新颖的，是消费者第一次听说或极少见过的，能为消费者带来一种颠覆性的认知，可以填补消费者认知上的空白。例如，洗衣液多数都是有香味的，市面上很多品牌都用“闻得到的洁净清香”“天然植物香”等卖点进行宣传推广，同质化程度很高。而立白则在洗衣液香味上下苦功夫，邀请了专业香水师加入产品研发，并通过“大师香氛”“延续香水传奇”“打造专属私人高级香氛衣橱”等文案来表达产品的独特香味，让消费者感受到这款洗衣液不只是洗衣液，还有高级香水的作用，从而给消费者留下深刻的印象。

即便不能填补消费者认知上的空白，卖点表达方式也要新颖，可以将同一个卖点以另一种表达方式呈现。例如，多数生鲜品牌推销牛肉时都会使用“全程冷链运输”“农场直供”等文案来表现牛肉的新鲜，而某品牌则独辟蹊径，通过文案“12小时前，这头牛还在农场吃草”来表达“新鲜”的卖点，十分生动形象，令人印象深刻。

专家点拨

一个崭新的角度通常更容易快速被消费者关注和认可。消费者需要的是新观点、概念，只有新的东西才能给他们带来新的消费冲动。因此在寻找核心卖点时，电商文案创作者应尽可能地用新的理念和想法，带给消费者新角度的思考，如果这个角度能在同行里成为崭新的卖点，那么产品将会具有很强的竞争力。

2. 超级卖点

超级卖点是与同行相比有超越性竞争力的卖点。只有竞争力明显高于同行的卖点才能称为超级卖点。例如，某品牌牛肉文案的卖点“运动员餐桌上的指定牛肉”就属于超级卖点，因为运动会食材供应商的数量是有限的，大部分同行都很难企及，借助运动会食材供应的高标准可以证明自己品牌牛肉的高品质。

3. 独家卖点

从字面意思上理解，独家卖点就是产品独有的卖点，如独家秘制的食材、产品独有的功能、领先的技术等。

一般来说，核心卖点往往会被打造成独家卖点，如果某产品拥有独家卖点，那么它的竞争力将会是独一无二的。例如，无线吸尘器的一大痛点就是滚刷容易被毛发缠绕，需要手动清理，而且影响机器运行。而小米的一款无线吸尘器（见图3-6）内置专利电动毛发防缠绕滚刷，能够在运行时自动将缠在刷头上的毛发切断，防止滚刷被毛发缠绕，并且刷头内嵌的是钝齿刀片，不伤地板和手。这一卖点能够解决消费者的痛点，打消他们关于毛发会让吸尘器出现故障、刷头刀片会伤地板等顾虑。由于该技术属于小米的专利，因而这个卖点实际上就成了该吸尘器的独家卖点，对目标消费者十分有吸引力。

图3-6 小米吸尘器的独家卖点

3.2.3 常见核心卖点的展现角度

一个强有力的核心卖点可以让品牌快速打开市场，在消费者心中占据一席之地。电商文案创作者可以从以下角度展现核心卖点。

1. 品质

产品品质是决定消费者是否选购产品的主要因素之一，只有在保证产品品质的前提下，才能让消费者认同产品。电商文案可从产品外观、材质、工艺等方面来体现产品品质。

- **外观**。消费者对产品的第一印象往往是通过产品外观获取的，也就是说，产品较直观的卖点就是外观。个性化的外观能让产品之间的差异非常明显，因此很多品牌会利用外观的差异来提高其竞争力。例如，某纸巾盒外观采用了可爱的卡通形象设计，其电商文案就以“可爱造型，萌萌趣味”来凸显其外观卖点，如图3-7所示。
- **材质**。材质对产品的品质也有很大的影响，因而备受消费者关注。如果产品在材质方面有特色或者优势，可以将其作为卖点展现出来。例如，某男式T恤采用的是高品质精梳棉，具有透气、顺滑、吸湿等特点，其电商文案就突出了材质方面的卖点，如图3-8所示。
- **工艺**。某些产品采取了特殊或创新的工艺，如纯手工工艺、传承百年的工艺、先进的工艺技术、经典传承的配方等，构成了与其他产品的差异，此时就可以将产品的工艺作为卖点展现角度。例如，章丘铁锅的卖点为：十二道工序，十八遍火候，在一千摄氏度左右的高温下锤炼，经受万次锻打，纯手工锻造。

图3-7　外观卖点

图3-8　材质卖点

2．功能

不同的产品具有不同的功能，消费者购买产品实际是购买产品所具有的功能和产品的使用性能。如果产品功能能满足消费者的需求，就会给他们留下良好的印象，从而得到消费者的认可。

例如，近年来，很多人出于健康的考虑，十分关注米饭的含糖量。苏泊尔顺势推出了一款低糖电饭煲，以“减糖量，不减饭量”作为卖点，突出了电饭煲的功能——降低米饭的含糖量，吸引了有相应需求的消费者关注。

3．出产地

地域向来都是表现产品卖点的一种方式，用地域特色作为卖点的产品有很多，如湛江小龙虾、良乡板栗、西湖龙井、宁夏枸杞、文山三七、青海虫草等，其承载了消费者对产品地域特征的印象，以及对产品优良品质的高度认可。

案例 2：不是所有大米都叫岛米——崇明岛

“崇明岛”是大米界的一个黑马品牌，源自中国的第三大岛——上海崇明岛。崇明岛地处亚热带，气候温和湿润、四季分明，得天独厚的地理位置加上亚热带季风气候使得崇明岛产的大米与其他地区产的大米有所不同。“崇明岛”大米的创始人一开始就抱着颠覆行业的态度进入了大米行业，并在崇明岛5000亩（1亩≈667平方米）的农场进行契约种植。“崇明岛”大米以崇明岛独特的地理位置和气候条件为卖点，将产品打造成了高端大米品牌。“不是所有大米都叫岛米”，已经成了“崇明岛”大米独特的品牌标语，如图3-9所示。

图3-9 “崇明岛”大米品牌标语

4．数量

俗话说“物以稀为贵”，往往越稀少、越独特的东西就越珍贵，不管是原材料的稀缺还是生产数量的稀少，都会大大提升产品在消费者内心的价值感。例如，某演唱会的卖点是：“××告别演出，成都仅此一场”。

稀缺性能驱动消费者的购买行为，产品详情页文案中使用“前100名专享价”“提前预订”等文字可以辅助稀缺性卖点的发挥，以制造一种紧迫感。

5．情怀

如今消费者在购物时已经不再仅仅关注产品的价格或质量，产品背后的价值理念、情怀等也是打动消费者的重要因素。电商文案从情怀切入，传递某种正能量，容易让消费者在情感上对产品产生认同，进而产生购买行为，甚至成为忠实粉丝。例如，在母亲节、父亲节等节日，电商文案将产品与母爱、父爱融合在一起，通过亲情引发消费者的共鸣，吸引消费者浏览与转发。

3.3 通过关联法找到写作切入点

微课视频

3.3 通过关联法找到写作切入点

信息时代下，人们每天都被各种新闻、网络段子、广告包围着，依靠电商文案吸引消费者眼球变得十分困难。如果电商文案只简单罗列产品与服务，或者详细描述产品的主要功能，那么就很难激发消费者的购买欲望。

要想勾起消费者的兴趣，电商文案创作者就需要通过“关联法”找到写作的切入点。例如，利用新闻事件、热点话题，或者制造冲突等方法创作出能打动人心、引发共鸣的电商文案。

3.3.1 利用新闻事件吸引关注

热门新闻通常能吸引较多人的关注，为产品推广或销售提供较多的目标消费者。对于电商领域而言，有消费者就有电商文案的传播基础，电商文案创作者在第一时间敏锐地抓住新闻的传播点，就能够在“电商文案大战”中拔得头筹。

众所周知，新闻通常是具有时效性的，一则新闻事件在一定周期内保持热度后，终究会被其他的新闻内容遮盖。对于电商文案创作者来说，利用新闻创作电商文案的最佳时机，就是在新闻发生到媒体记者挖掘出更多信息的这段时间里，如果能快速创作出与新闻事件相关的电商文案，就很容易被关注新闻的目标消费者关注。反之，当新闻热度下降，目标消费者不再集中关注后，利用新闻创作的电商文案的传播效果就会降低。在获得新闻素材后，电商文案创作者可以利用百度指数等工具查阅新闻不同关键词的搜索量，写作时尽量使用搜索量高的关键词，以获得更多的关注量。

利用新闻事件完成电商文案的创作时，要想让产品或品牌受益，重要的是找到新闻事件与产品契合的创作点。例如，2022年高考语文作文题目公布后，全国甲卷作文考了《红楼梦》迅速成为网络热点新闻，引发网友热议。某书籍网店及时发布了一篇"《红楼梦》进入高考作文题，'经典阅读'必须重视起来"的文案，借助该热点新闻的讨论热度吸引关注。该文案通过强调阅读经典名著的重要性，为网店中的相关书籍进行了宣传。

专家点拨

电商文案创作完成后还需要认真选择宣传渠道，做好线上线下传播，这也是电商文案取得成功的重要一步。电商文案创作者应尽量选择与热点新闻联系紧密的平台，如微博、微信等。

3.3.2 借助热点话题提升热度

热点话题也是电商文案写作常用的切入点。热点话题可以是社会事件发酵产生的，也可以是新闻事件催生出的。热点话题往往是大多数人在一段时间内关注的焦点，一旦在网络中传播，在很短时间内阅读量就可能达到几百上千万次。及时推出与热点话题相关的电商文案，短时间内就可以吸引关注热点话题的目标消费者。

依靠热点话题来吸引人们对电商文案的关注，需要注意以下事项。

- **掌握热点话题的时效性。**热点话题具有一定的时效性，一般在热点话题出来的一个星期后，人们对热点话题的关注热情就会退却，热点话题过了时效期，就基本失去了借此创作电商文案的价值。所以，利用热点话题作为写作切入点的电商文案，最好是在热点话题出来后的3天内就抓住机会发布，这样才能获得更高的关注度。
- **保证电商文案内容与热点话题的契合度。**无论为哪个行业、哪些产品创作电商文案，重要的是把电商文案内容与热点话题联系起来，并保证两者之间的高契合度。只有与热点话题相关的电商文案，才能创造更好的营销效果，否则容易事倍功半，得不偿失。

- **懂得运用热点话题的关键点创新内容。**利用热点话题创作电商文案时，重要的是抓住热点话题的关键点。另外，还要学会创新转换，不能一味地复制套用。例如，网络中一度流行诸如“上次××还是在上次”“听君一席话如听一席话”等语录，并频频出现在广告、新闻、微信、微博中。借助该热点话题创作的文案同质化程度很高，而屈臣氏对这些语录进行了转换，发布了“当屈臣氏有了官方小程序，那小程序里就有了屈臣氏”“00:00还在逛屈臣氏官方小程序的人一定还没睡吧”文案，让看厌了此类语录的消费者眼前一亮，觉得十分新鲜有趣。

3.3.3 提供日常生活难点的解决方案

对于消费者而言，如果电商文案能涉及日常生活中他们比较关心的问题，就更能吸引他们的关注；如果品牌或产品能够很好地解决与消费者工作、生活密切相关的难题，就可以增加消费者对品牌或产品的认可度。

在创作电商文案时，电商文案创作者如果能将消费者目前关注或者一直以来都很关注，但得不到解决的问题，与电商文案推广的产品联系起来，告诉消费者该产品可以解决这个问题，那么写出的电商文案就能吸引消费者的关注。例如，某款小白鞋清洁产品的文案首先就描述了小白鞋清洗过程中的各种问题，如污渍顽固、水洗变形、鞋子易脏、晾晒发黄等（见图3-10），然后又告知消费者使用该产品在小白鞋上一擦就可以去除污渍，不需要水洗，让弄脏的小白鞋洁白如新（见图3-11），能很好地解决小白鞋的清洗难题，对饱受上述问题困扰的消费者十分具有吸引力。

图3-10 小白鞋清洗问题

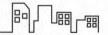

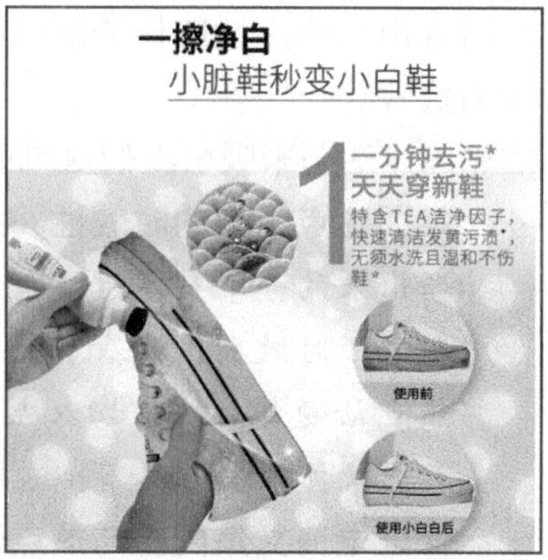

图3-11 解决问题

3.3.4 逆向思维寻找突破口

逆向思维是指打破固有思维模式，从事物的反面去思考问题的一种思路。在这个资讯发达的互联网时代，各种广告铺天盖地，产品市场竞争也尤为激烈，按照一般的逻辑来创作电商文案已经很难达到比较好的效果，产品也很难在竞争中脱颖而出。使用逆向思维创作电商文案正好区别于正向思维，提出与众不同的诉求点，使电商文案标新立异、出奇制胜。

案例 3：哪有穿不坏的鞋，只有踢不烂的你——某鞋子品牌文案

某鞋子品牌发布了一则文案（见图3-12），文案部分内容如下。

哪有一双穿不坏的鞋啊

不管它看上去有多牢固

就像有个无话不说的人

某一天突然与他就无话可说

或者有个人，想跟你一直走下去

后来他有事，先走一步

……

追随了多年的背影

遮住了风雨，也挡住了风景

给他一个拥抱吧，无须留恋

可能所谓成长

就是有几段路，只能一个人走

走着走着，鞋就穿坏了

穿坏了，换一双新的

……

哪有穿不坏的鞋

只有踢不烂的你

通常，鞋类品牌的文案会特别突出鞋子的耐穿性，而该文案却采用了逆向思维，用“哪有一双穿不坏的鞋啊”开场，大方承认自己品牌的鞋子也会穿坏，通过自我调侃的方式凸显品牌自信。接着，文案围绕普通人的人生际遇（如与朋友、恋人等的告别），表达了“成长意味着告别，很多人生路途只能一个人走”的道理。而在文案结尾“哪有穿不坏的鞋，只有踢不烂的你”一句中，所谓“踢不烂”指的是一种难以被打倒的精神。总的来说，该文案大胆承认了鞋子会穿坏，却又鼓励人们不要被生活打倒，引发了消费者的强烈共鸣，获得了很好的宣传效果。

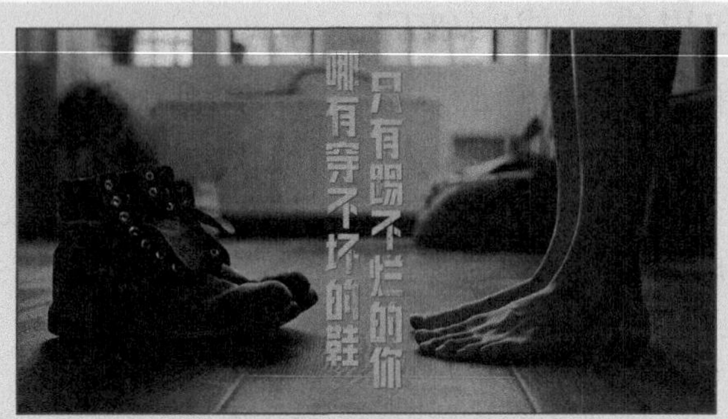

图3-12　某鞋子品牌文案

3.3.5　制造冲突获得关注

在信息时代，随时都有新闻事件和热点话题，偶尔出现一些意外的冲突，也会引起不小的关注。普通人群的日常生活，其实都是不停解决冲突的过程，如家庭与事业之间的冲突，梦想与现实之间的冲突，美食和肥胖之间的冲突等。

因为有冲突，所以有需求：想吃美食但不愿意做又懒得出去，于是有了外卖；不想挤公交又打不到出租车，于是有了打车软件……企业营销的关键就是从冲突中洞察消费者的需求，再用产品去满足消费者的需求，以此来获得消费者对产品和品牌的好感。运用冲突来创作电商文案时，可以先找到一个被普遍认可的关注点，然后设置意外的转折，这往往能给消费者带来一种出其不意的感觉。

素养课堂

需要注意的是，制造冲突时一定要谨慎，应尽量回避尖锐的冲突，不能渲染、夸大生活中的困难，更不能刻意制造争议性强的冲突来吸引眼球。电商文案创作者的工作虽然是传递营销信息，但同时也要弘扬真善美，传播正向的价值观，鼓励人们积极勇敢地面对生活中的各种问题和挑战。

案例 4：制造冲突凸显父爱的含蓄——“不在场的父爱”系列文案

临近父亲节，脉脉联合饿了么、悦跑圈、一点资讯、海尔冷柜、网易有道等多个品牌推出了系列文案“不在场的父爱”，透过各自的产品功能点，为忙于工作的爸爸们证明，即便有时他们的父爱不在场，却从未缺席，只是以一种更含蓄的形式存在于孩子的生命中：也许是为孩子点餐时的一句备注，也许是督促孩子锻炼身体，也许是省钱为孩子买新玩具。其中，脉脉联合饿了么推出的文案为“也许他缺席了很多次说好的晚餐，却从未忘记点餐时添加‘孩子不吃辣’的备注。他把不在场的父爱写在了饿了么”，联合悦跑圈推出的文案为“也许他经常缺席你的运动会，但从未忘记督促你每天跑步锻炼身体。他把不在场的父爱写在了悦跑圈”，如图3-13所示。

这两则文案都利用了两种反差很大的情景制造冲突：脉脉联合饿了么的文案利用的是爸爸缺席晚餐与爸爸贴心为孩子点餐两个情景，脉脉联合悦跑圈的文案利用的是爸爸缺席孩子运动会与爸爸督促孩子每天跑步两个情景。通过制造冲突，不仅细腻地凸显了父爱的含蓄、厚重，引起了消费者的情感共鸣，还在无形中宣传了品牌，塑造了一种有温度的品牌形象。

图3-13“不在场的父爱”系列文案

3.3.6 搭建场景引发共鸣

搭建场景是电商文案创作经常使用的切入点。搭建场景就是把体验场景描述出来，当消费者看到电商文案的时候，就会产生强烈的代入感，仿佛进入了真实的生活场景，从而引发共鸣。在电商文案中搭建场景：一方面可以进行情境式的描述，让消费者处于电商文案所描述的情境中，产生对产品的联想和需求；另一方面，可以告诉消费者在什么情况下会用到该产品以及使用该产品带来的效果，让消费者处于使用该产品之后的“未来场景”中，激发消费者的购买欲望。例如，图3-14所示为方太智能油烟机的宣传文案，该宣传文案并不是解说产品卓越的工艺、顶级的技术、强大的功率等，而是把复杂的东西形象化，通过“四面八方不跑烟”的描述来突出油烟机强大的吸油烟效果，同时构建了一个烹饪时“四面八方不跑烟”的使用场景，向消费者说明使用该产品的优势。

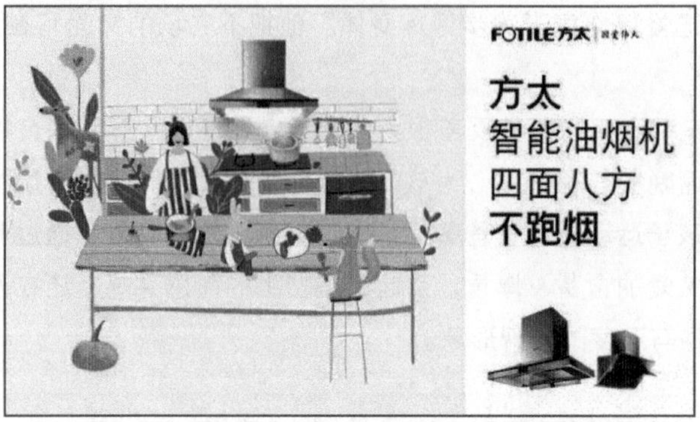

图3-14 方太智能油烟机的宣传文案

同步实训——为丑橘写作卖点文案

【实训背景】

微课视频

第3章 同步实训——为丑橘写作卖点文案

明月村是全国十大美丽乡村之一，小施从小在明月村长大，毕业于国内某知名大学。小施热爱家乡，也十分喜欢明月村秀美、宁静的环境，于是决定用所学知识回馈滋养他的乡村，助力乡村发展。了解到蒲江县有着多年的丑橘种植历史，小施毅然投身丑橘种植业，采用先进的科学技术种植丑橘，并获得了大丰收。小施种植的丑橘具有以下特点。

- 种植于四川蒲江县，种植环境光照充足、空气湿润，且昼夜温差大，因此果实品质较高。
- 果实较大，单果重120克左右，皮薄少籽，果肉饱满细腻，味道清甜，汁水充沛。
- 含有丰富的维生素C、胡萝卜素、果胶、蛋白质、铁等多种营养成分，一般人群均可食用。
- 引进先进科学技术种植，由专业人员管理，采用物理方法除虫，施用农家有机肥，使用天然山泉水灌溉，没有喷洒任何农药和催熟剂。
- 基地采摘后直接发货，且采用顺丰包邮，保证新鲜。
- 不新鲜或有破损果包赔。

【实训要求】

（1）使用九宫格思考法为该产品提炼卖点。

（2）从提炼的卖点中筛选出核心卖点。

（3）结合核心卖点，以搭建场景作为切入点写作卖点文案。

【实训步骤】

（1）提炼卖点。使用九宫格思考法提取丑橘的卖点，如图3-15所示。

新鲜	个大	绿色种植
营养价值高	丑橘	顺丰包邮
肉质细腻	味道清甜	售后无忧

图3-15　使用九宫格思考法提取丑橘的卖点

（2）筛选核心卖点。小施的丑橘采用了先进的科学技术种植，属于纯天然绿色食品，这与很多同类产品形成了差异，而且对关注食品安全的消费者很有吸引力，因此，可以将“绿色种植”作为核心卖点。

（3）写作卖点文案。丑橘的生长、采摘场景往往是消费者比较关注的，因此可以围绕核心卖点“绿色种植”搭建丑橘生长、采摘的场景，以其作为文案的切入点。例如，“这其貌不扬的丑橘，生长于四川蒲江。每一颗果实都被工作人员精心呵护，施农家肥、灌山中水，让它们自然生长。每天早晨6点，当露水还挂在枝头，这一颗颗果实便被采摘下来，运往全国各地。”

思考与练习

1．选择题

（1）【单选】（　　　）是从1到n的过程，它将产品特点单点排列，再针对单点进行要点延伸。

A．五步创意法　　　　B．要点延伸法

C．头脑风暴法　　　　D．九宫格思考法

（2）【单选】（　　）是现代创造学奠基人亚历克斯·奥斯本提出的一种创造能力的集体训练法，他鼓励人们打破常规思维，无拘束地思考问题。

A．头脑风暴法　　B．元素组合法

C．五步创意法　　D．金字塔原理法

（3）【多选】下列关于头脑风暴法实施要点的说法，正确的有（　　）。

A．会议要有明确的主题

B．最佳人数为10～12人，最多不超过15人

C．时长一般控制在20～60分钟

D．要在完成头脑风暴后再进行评价

（4）【多选】依靠热点话题来吸引人们关注电商文案，需要注意的事项有（　　）。

A．掌握热点话题的时效性

B．保证电商文案内容与热点话题的契合度

C．懂得运用热点话题的关键点创新内容

D．应该利用热点炒作争议话题

2．填空题

（1）利用九宫格思考法构思电商文案时，首先需要绘制一个________，然后将其分割成__________，并在中间方格内填上__________，最后扩充九宫格____________________。

（2）五步创意法的步骤包括______________、______________、______________、______________、______________。

3．判断题

（1）搭建场景就是把体验场景描述出来，当消费者看到电商文案的时候，就会产生强烈的代入感，仿佛进入真实的生活场景，从而引发共鸣。（　　）

（2）运用九宫格思考法时，可以在中间方格内填写产品名称，或者将消费者作为思维发散的主体，在其他8个方格内以消费者画像、消费者需求、消费者痛点等为扩展方向，构思电商文案的写作方向。（　　）

4．操作题

（1）现有一款洗碗机，其特点如下。请根据所述内容，使用九宫格思考法提取该洗碗机的卖点。

- 80 ℃高温煮洗，突破传统的70 ℃，能快速有效地溶解油污。
- 全域360° 喷淋，3层喷淋模式，洁净无死角。
- 离子循环水软化系统，降低水硬度，避免产生水垢。
- 适应中式餐具的空间，可自由随意摆放餐具。

- 热风烘干技术，叠加2个时序热风烘干。
- 除菌率高达99.99%。
- 轻奢黑钻格调，摒弃过多花样，更显大方美丽。
- 具有可以容纳8套餐具的大容量，全面满足家庭聚餐所需。

（2）现有一款大容量真空保温杯（1000mL、800mL可选），采用304真空不锈钢材质内胆，内胆有防粘涂层；食品级PP材质杯盖，且杯盖可分体拆洗；0.03mm 超薄杯壁；24小时超长保温，即使装热水也不会出现漏水的问题。请使用搭建场景和制造冲突两种方法寻找切入点，为该产品创作一篇文案。

第4章 电商文案标题的创作

案例导入

陈某是一家数码产品网店的店长，对数码产品十分精通，因此他决定在网络上分享实用的数码产品操作技巧，并植入有关网店的营销信息。陈某发布的文案质量很高，然而阅读量却很低，经别人提醒后，陈某才意识到问题出在文案的标题上。陈某撰写的文案标题通常是对文案内容的简单概括，如最近两篇文案的标题分别为“手机截图的快捷方法”“深度清理手机垃圾的方法”，死板且缺乏吸引力，于是陈某在多番学习后，对文案标题进行了优化，将标题改为“还在找截图的入口？教你5个手机截图的快捷方法”“手机卡顿？内存不足，天天删文件？六大妙招助你深度清理手机垃圾”。果然，优化标题后的文案阅读量明显有了提升，甚至还带动了网店产品的销售。

由此可见，标题对文案阅读量的影响非常大。只有标题对消费者有足够的吸引力，消费者才会进一步阅读文案内容，通过文案内容了解产品或品牌的具体信息。

学习目标

- 熟悉电商文案标题的常见类型
- 掌握电商文案标题的创作技巧
- 能够创作有吸引力的电商文案标题

素养目标

- 不做“标题党”，不在标题中使用夸大的措辞或制造网络谣言
- 不在标题中使用含糊不清的措辞，避免误导消费者

4.1 电商文案标题的常见类型

标题可以比作电商文案的眼睛，是对文案内容直接、简明的体现。只有标题勾起了消费者的阅读兴趣，消费者才会进一步去阅读正文，继而查看和关注相关产品或品牌的具体信息。因此，创作电商文案需要拟定一个有吸引力的标题。总的来说，电商文案标题的常见类型包括直言式标题、数字式标题、提问式标题、话题式标题、新闻式标题、危机式标题、悬念式标题、对比式标题、见证式标题、盘点式标题等。

4.1.1 直言式标题

直言式标题是非常常见的一种文案标题类型，其特点是直观明了、实事求是，其简明扼要的内容使消费者对产品或品牌的特点一目了然，让消费者看到标题就能明白电商文案所要表达的意图。这类标题应用在消费者熟知的产品中更为有效，如“真丝上衣全场7折”用来宣布产品的折扣活动。在拟定这类标题时，可以适当添加新颖、独特的词语，以吸引消费者的注意。图4-1中，某圆头女鞋系列文案的标题“经典款，高低都是美”“想有多高，自己决定”，语言不仅充满活力和新意，还简洁精练，准确地说明了产品的特点。

图4-1 直言式标题

4.1.2 数字式标题

数字式标题是直接在标题中写出具体阿拉伯数字的标题类型。因为数字识别度高，能将模糊的信息具体化，给人信息量更丰富、专业度更高的感觉，所以使用数字式标题可以提高电商文案的可信度，激起消费者强烈的阅读欲望。这也是电商企业介绍产品时，不采用“多种功能”“多种模式”等描述方式，而是直接用具体的数字，如“5种功能”“5种模式”等来描述产品的原因。图4-2所示的采用数字式标题的取暖器产品文案中，通过“双U发热让家暖8℃”和“6秒速热，升温迅速”的标题说明具体的升温度数和升温时间，使得电商文案的可信度更高。

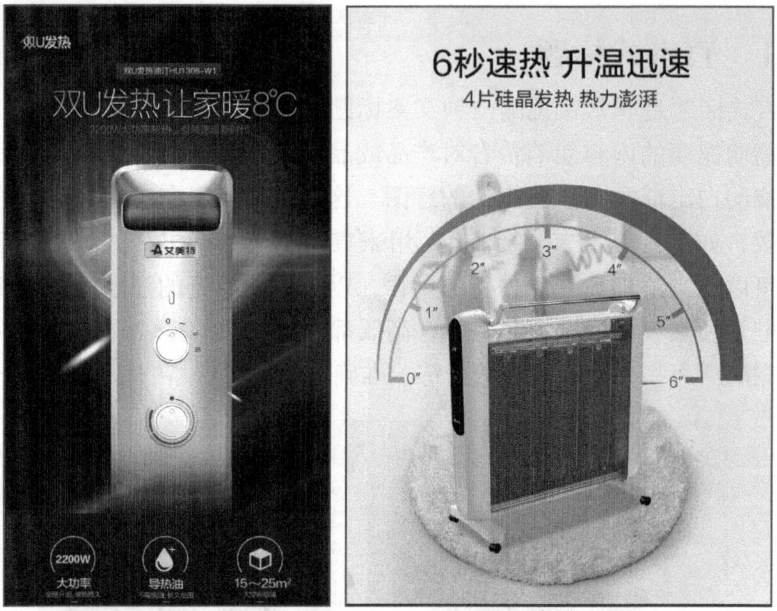

图4-2 数字式标题

4.1.3 提问式标题

提问式标题通过提出问题来引起消费者关注，从而促使消费者产生阅读兴趣，启发消费者思考或探究问题的答案。提问式标题可以通过反问、设问，也可以通过疑问来表述文案的主题。例如，“一周洗几次头比较好？”“还只会用快捷键Ctrl+C？教你几个超好用的快捷键，1秒完成1小时工作量”“豆瓣9分！这部经典动漫做成PPT，到底有多酷？”都是典型的提问式标题。

要想让提问式标题发挥好的引导效果，提出的问题要能引起消费者的共鸣，或者隐藏着消费者想知道的答案，也可以是对消费者深信不疑的观点提出的疑问，从而引起消费者的注意。也就是说，提问式标题要从消费者的角度切入问题，考虑消费者为什么会产生这种问题，以及为消费者提供解决问题的方法。标题只有站在消费者的角度提问，才能把消费者代入问题营造的情景之中，才会对消费者有吸引力。

4.1.4 话题式标题

话题式标题中包含热点话题，能够借助话题的热度吸引消费者关注并参与讨论和分享。例如，每年的高考、三八节等特殊日子，相关话题总是会引起网友的热烈讨论，很多品牌也会在电商文案标题中加入与这些话题相关的关键词，旨在引起大量消费者的转发和分享。图4-3所示为王老吉在高考期间发布的文案，通过在标题中加入“高考”等关键词吸引消费者关注，并通过定制罐身（如高考学科罐等）来制造衍生话题，激发消费者的讨论热情。

图4-3 话题式标题

4.1.5 新闻式标题

新闻式标题是以新闻语言表达新产品或项目的标题类型。这类标题会如实报告最近发生的某些事件，多用于介绍新产品、企业新措施等，比较正式、醒目。小米用于宣传新品上市的文案就经常使用新闻式标题，如图4-4所示。

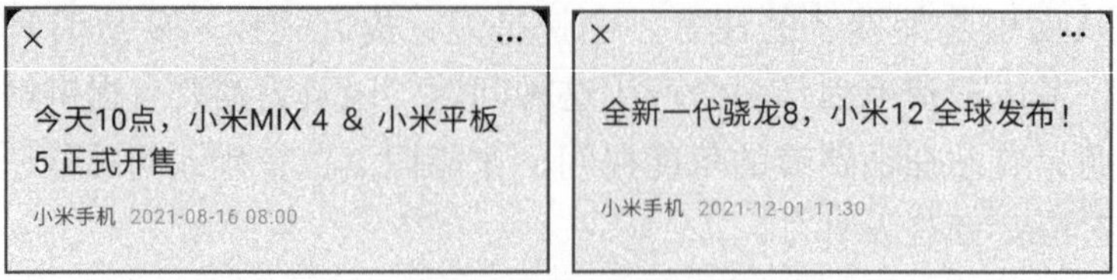

图4-4 新闻式标题

4.1.6 危机式标题

危机式标题是通过制造危机感来吸引消费者关注的标题类型。危机式标题可以使用夸张手法，但不能扭曲事实，要在陈述某一事实的基础上，引导消费者意识到从前的认识是错误的，或使用警告的手法令消费者产生一种危机感。在人们对空气污染产生忧虑时，某网店商家使用“您看得见这些室内污染吗？”的标题来引发消费者对室内污染问题的担忧，使消费者产生危机感，进而引发消费者对后续产品介绍的兴趣，如图4-5所示。

图4-5 危机式标题

素养课堂

部分电商文案创作者为了吸引消费者眼球，故意夸大某些事物的危害，或者宣传没有科学依据的知识，在网络上制造诸如健康谣言之类的负面内容，对很多消费者产生了误导，污染了网络环境。近年来，国家提出要净化网络环境，营造清朗网络，电商文案创作者要响应国家的号召，积极参与网络文明的构建，打造安全、健康、有序的网络空间。

4.1.7 悬念式标题

悬念式标题通过设置悬念，利用消费者的好奇心来引发消费者对电商文案的阅读兴趣，这类标题通常出现在产品或品牌推广的文案中。使用悬念式标题需要注意的是，设置的悬念应该浅显易懂，不能故弄玄虚。例如，“饺子是热水煮还是冷水煮？很多人做错了……”“真的想不到，花园比美大赛胜出的竟然是它……”等都是比较常见的悬念式标题。悬念式标题的文字描述要浅显易懂，让消费者一看就能明白其要表达的意图，同时又要留给消费者一定的想象空间，激发消费者的好奇心，使消费者产生疑问，进而对后续的文案内容产生兴趣。

4.1.8 对比式标题

对比式标题通过与同类产品进行对比来突出产品的特点和优势，加深消费者对产品的认知。其核心是两个产品就某一标准进行比较，得出明确的结论。需要注意的是，创作对比式标题时，一定要符合事实，不可虚构故事或恶意贬低其他产品。图4-6所示的文案标题“货比三家，必有亮点”“好货不怕比，44万消费者选择的理由”就是对比式标题。

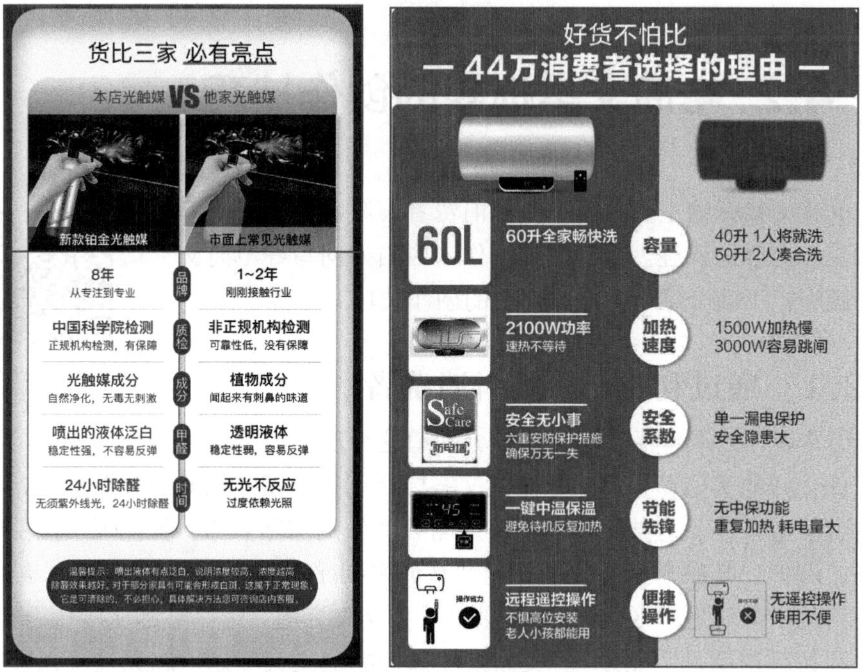

图4-6 对比式标题

4.1.9　见证式标题

见证式标题是推销产品或服务非常有效的标题类型，它对原本就对同类产品或服务有需求的消费者特别有吸引力。因为消费者看过文案内容后，往往会产生两种情感：一种是消费者渴望使用产品后能达到电商文案所描述的效果，用于引导消费者做出购买决策；另一种则是消费者对产品能否达到文案所描述的效果的怀疑与担忧，用于阻止消费者做出购买决策。例如，“宝妈亲证有效！这种方法让孩子远离磨牙”“百万车主亲证，这款车有多坚固！”就是见证式标题。需要注意的是，撰写见证式标题时，自然通俗的语言能够增强电商文案的可信度。

4.1.10　盘点式标题

盘点式标题是技巧或经验分享的总结，能让消费者觉得可以从电商文案创作者的经验中快速获取一些有用的信息或技能。电商文案创作者如果在盘点式标题中善用数字，强调文案内容的实用性，让消费者觉得内容有价值，能够帮助他们省时省事、解决麻烦，就容易增加文案的阅读量、收藏量和转发量。例如，“推荐！免费好用的5个图片素材网站”“16个Excel文本函数，这篇文章帮你全弄清楚！”就属于典型的盘点式标题。

4.2　电商文案标题的创作技巧

微课视频

4.2 电商文案标题的创作技巧

电商文案标题主要是为了吸引消费者，激发消费者阅读文案具体内容的兴趣。电商文案创作者应当如何写好电商文案标题呢？下面介绍电商文案标题的创作技巧。

4.2.1　通过利益诉求吸引消费者

消费者在购买产品之前，通常会知道这个产品能给自己带来什么样的实际益处，如果电商文案标题能给消费者明确的利益承诺，告诉消费者使用该产品的结果及使用该产品会产生的实际效益，就能吸引消费者的关注。例如，某旅游网的文案标题“欢迎来到平价境外出行旅游网”，给消费者的利益承诺就是“平价”；某服装网店的文案标题“怎么穿都显瘦”，给消费者的利益承诺就是“显瘦”。又如某丝袜产品的文案标题“您见过可以装菠萝的丝袜吗？防勾丝/防脱丝水晶袜”，明确告诉了消费者丝袜的质量较好，耐磨耐穿。这些标题直接向消费者介绍了使用产品或服务的好处，更容易吸引消费者的关注。

4.2.2 强调产品的卖点

很多产品依靠一个核心卖点就成了热销品，核心卖点是产品或品牌的名片，甚至可能会成为影响品牌兴衰的关键因素。因此，在电商文案标题中强调产品或品牌的核心卖点，能够给消费者留下深刻的印象，从而引导消费者查看文案的详细内容，并关注该产品或品牌。例如：

- 公牛插座的文案标题中通常有“产品安全”这一核心卖点；
- 纯甄酸牛奶的文案标题中通常有“无添加”这一核心卖点；
- 海飞丝洗发水的文案标题中通常有“去屑”这一核心卖点；
- 立白洗衣液的文案标题中通常有“不伤手”这一核心卖点。

专家点拨

撰写强调产品核心卖点的电商文案标题时，原则上应简明扼要、突出卖点，其写作模板通常为“品牌名称 + 产品名称 + 产品的核心卖点”。需要注意的是，品牌名称和产品名称最好都出现在标题中，因为大部分的消费者通常只看标题不看内容，如果标题中没有品牌名称和产品名称，消费者很难对品牌和产品留下深刻的印象。

4.2.3 精准锁定目标消费者

一篇文案很难满足所有目标消费者的需要，因此在写作电商文案标题时，可以先选出合适的消费者，排除非潜在消费者。例如，某寿险产品的文案标题“专为65岁以上男女设计、保费合理的寿险”，将目标消费者锁定到65岁以上的群体；又如某男装T恤的文案标题“专为老爸体型裁剪的清爽短袖T恤”，将目标消费者锁定为中老年群体。

案例1：锁定老年群体——足力健老人鞋的文案

在老人鞋这一细分市场中，足力健可谓是知名度非常高的品牌。足力健之所以能取得今天的成绩，电商文案起到了至关重要的作用。除了多次被强调的“专业老人鞋，认准足力健”的品牌口号外，足力健还针对老年人的身体特点以及老年人对于鞋子的喜好，使用“轻便不累脚”“易穿脱，不用弯腰”等作为文案标题，以快速吸引目标消费群体——老年人，如图4-7所示。

此外，足力健还通过发布关怀老年人的文案来赢得消费者好感，如名为“70

岁，大有可为”的视频文案就讲述了3位老年人在退休后依然通过自己的技能在生活中发光发热的故事，告诉人们其实老年人的生活很精彩，呼吁大家关注身边的老人，弘扬尊老敬老的中华民族传统美德。

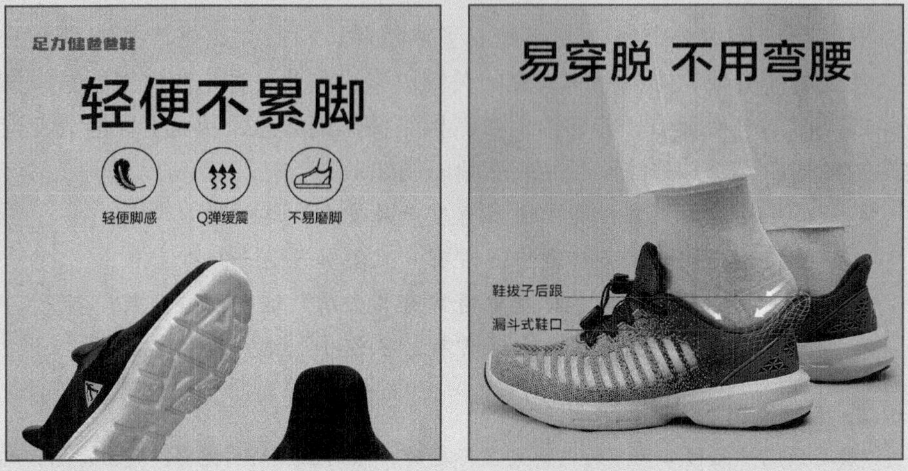

图4-7　足力健文案标题

4.2.4　使用网络流行语

网络流行语是在网络上经常出现且使用频率较高的语言或语言类型，大多是在某些社会热点话题或热门事件的基础上形成的，同时在网友的关注下快速传播，吸引了许多人关注。在社交网络中，每年都会诞生大量的网络流行语，其中有的网络流行语如昙花一现，有的网络流行语则被广大网友应用于各种场合。如果将这些网络流行语巧妙地与产品或品牌结合，并应用到电商文案标题中，自然就能引起消费者的关注。例如，图4-8所示的文案就使用了“你品，你细品”这一网络流行语，呼吁用户认真欣赏新品服装。

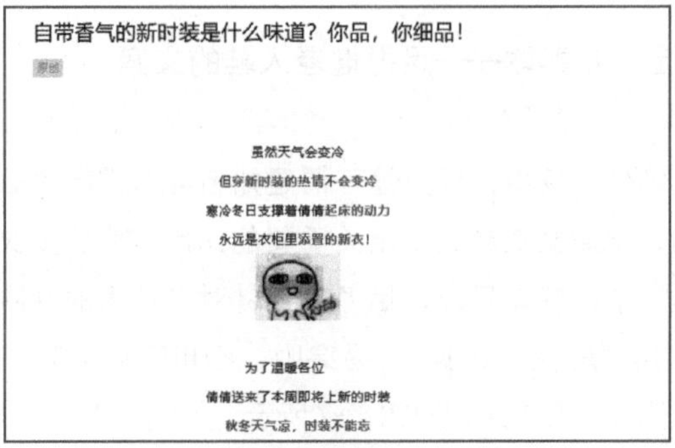

图4-8　使用网络流行语的文案标题

4.2.5 塑造产生共鸣的场景

在电商文案标题中塑造产生共鸣的场景能快速传达出品牌定位或产品价值，并且能唤起消费者内心的场景联想，打动消费者的心。当代消费者追求个性、强调自我，在购物时，其选择产品或品牌的准则不仅仅是“合适”或“不合适”，而是更为注重产品的使用体验和感受，追求产品或服务与情感体验的一致性。图4-9所示为某品牌空调的文案，用“回家路上开启TA，让清凉等她回家”“TA陪着你的时候很安静，看书小憩都不会被打扰”的标题营造了一个舒适的家的氛围，既能让消费者知晓产品的特点，又能使消费者对该品牌产生好感。

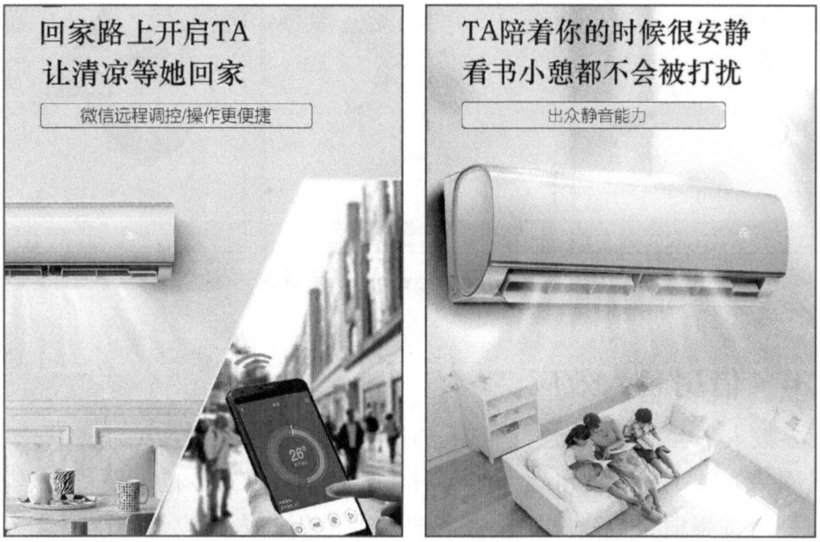

图4-9 塑造产生共鸣的场景的文案标题

案例 2：得到用文案标题塑造生活小片段

知识付费平台得到在父亲节期间推出了名为“爸爸练习生”的系列文案，为平台上育儿相关的付费课程做宣传，如图4-10所示。文案标题如下。

职场爸爸雷霆手腕，在娃面前乖乖就范。

爸爸带娃，等于大娃带小娃。

所谓父子情深，总是发生在一起被妈妈批评之后。

爸爸的口头禅是钱够不够花，爸爸的心里话是啥时候回家。

世上最温柔的谎话，是“你放心骑，爸爸保证不松手”。

该系列文案标题生动地描绘了很多爸爸带孩子的有趣场景，表现了在这个过程中，爸爸也会像缺少经验的练习生一样，不知道如何处理很多事情，使有过类似经历的消费者产生共鸣，并引出解决这些问题的不错选择——得到上的育儿课程，在轻松有趣的氛围内便将产品的卖点介绍给了消费者。

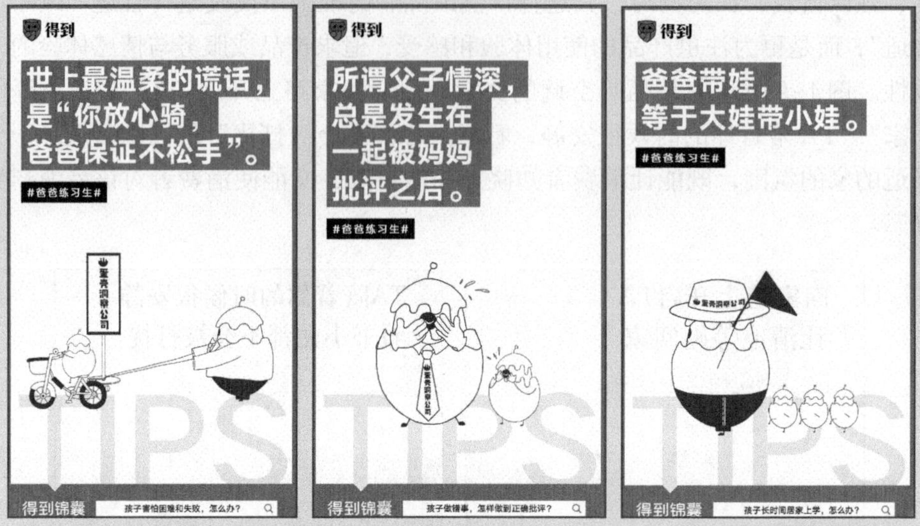

图4-10　得到发布的系列文案

4.2.6　借用名人效应

大多数人都会有名人情结，名人的任何事情都被大众所关注，其一言一行都备受瞩目，特别是在“粉丝经济”时代，名人效应产生的话题量更是不可小觑。在撰写文案时，电商文案创作者要学会借用名人效应创作电商文案标题，如果文中有关于名人的信息，则可以在标题中适当加入名人的名字来增加标题的吸引力，提高文案的点击量和转发量，如“××都在玩的乐器，一礼拜就能学会啦！”“为什么××、××都说这本书好？”

专家点拨

虽然借用名人效应创作电商文案标题能增加标题的吸引力，但需要注意的是，不能强制捆绑“名人符号”与标题，文案的正文内容必须要与名人有所关联。如果只是单纯借用“名人符号”创作标题吸引消费者的关注，文案正文却叙述其他毫不相干的信息，那么将失去消费者对产品或品牌的信任。

4.2.7　巧用修辞手法

比喻、引用、双关、设问、拟人、对偶和夸张等修辞手法不仅可以增加电商文案标题的吸引力和趣味性，还能使文案标题显得更有创意。下面将对这7种修辞手法的运用进行介绍。

1．比喻

比喻是创作电商文案标题常用的修辞手法，除增加语言的生动性和形象性以外，还可使消费者对所表达的事物产生深刻的印象。将该修辞手法灵活地运用到电商文案标题创作中，或化深奥为浅显，或化抽象为具体，或化冗长为简洁，能够帮助消费者更好地理解产品或品牌的特性。应用比喻修辞手法，要求喻体和本体具有可比性和相似性，这样才能使标题形象生动、引人注意。例如，某鸭绒被的文案标题“你恍如躺在洁白的云朵里”，将躺在被子上的感觉比作躺在云朵里，形容被子的柔软舒适；某厨具品牌的文案标题“妈妈的味道，是你回家的路标”，使无形的味道转变为有形的路标，表达了妈妈做的饭象征着家庭的温暖之意。

2．引用

引用就是把诗词歌曲、名言警句、成语典故、俗语方言等引入标题中，提升文案的文化底蕴，给消费者不同的感受。使用引用修辞手法时，可以直接引用原句，也可以引用原文大意，将所引用的内容改编为自己的话语。例如，快手在春节期间发布的文案标题“去相亲，诚惶诚恐；抢红包，通俗易懂”就引用了成语诚惶诚恐，生动形象地表现了部分人在相亲和抢红包两种场景中的状态反差。

素养课堂

中国传统文化博大精深，有丰富的内涵，很多成语不能按照字面意思理解，如不能将阳春白雪理解为春天的雪。电商文案创作者要积极吸取传统文化中的养分，并正确地运用到文案创作中，提升文案的文化内涵，不能出于吸引眼球、哗众取宠等目的，故意误用、滥用成语，对广大消费者产生误导。

3．双关

双关就是利用词汇的多义及同音（或音近）的条件，使语句有双重意义，言在此而意在彼。双关可使语言表达更含蓄、幽默，而且能加深语意，让文案标题给消费者留下深刻的印象。例如，某钱包的文案标题“一手包办”“你的钱我包了”，如图4-11所示。

4．设问

设问是为了强调某部分内容，故意先提出问题，再自己回答。其作用是引人注意，启发思考，能让文案标题层次分明，结构紧凑。在电商文案标题中采用设问修辞手法，可以加强利益诉求，而明确产品利益诉求则可以很好地打动消费者。如某进修课程的文案标题“没时间上××大学？参加我们的在家进修课程吧”，某焖烧壶产品的文案标题“郊游在外大包小包不胜其烦？你的便携式野餐拍档”，就运用了设问修辞手法。

图4-11　运用双关修辞手法的文案标题

5．拟人

拟人就是把事物人格化，赋予事物以人的言行或思想感情，简单地说就是用描写人的词来描写事物。采用拟人修辞手法写作电商文案标题，使产品人格化，不仅让产品形象更生动，帮助消费者了解产品，还促进了品牌和消费者的沟通，提高了消费者的品牌忠诚度。例如，某厨具品牌联合某综艺节目推出的文案标题“每一块服软的肉都爱过一个懂火候的灶”“一盘‘蒸’气的剁椒鱼头不该和任何人装熟”，将菜品拟人化，赋予其情感，使文案更活泼、亲切，如图4-12所示。

6．对偶

对偶是用字数相等、结构相同、意义对称的一对短语或句子来表达两个相对或相近意思的修辞手法。采用对偶修辞手法的电商文案标题，词句对仗工整、凝练概括、结构对称，富有表现力，能够鲜明地表现相关事物之间的关系。此外，这类标题音韵和谐，朗朗上口，便于传播记忆。例如，天猫发布的以环保为主题的文案标题“印刷变浅了，意义变深了”“可回收的包装，可持续的时尚”，如图4-13所示。

图4-12 运用拟人修辞手法的文案标题

图4-13 运用对偶修辞手法的文案标题

7. 夸张

夸张是为了达到某种表达效果，对事物的形象、特征、作用程度等方面特意扩大或缩小的修辞手法。采用夸张修辞手法写作电商文案标题时，通常以挑战常识或制造冲突的方式来实现，同时还采用夸张的口吻进行陈述，尽力表现出惊讶的情绪，渲染出意料之外、新奇、独特的氛围，既能增加语言的生动性，又能突出事物的本质和特征，激发消费者的好奇心。例如，某箱包品牌的文案标题“装得下，世界就是你的”，使用了夸张的手法形容箱包的容量之大，并暗含“心胸开阔”“视野宽广”之意，让消费者产生“世界尽在掌握”之感，含义丰富，令人回味。

4.3 创作电商文案标题的注意事项

文案大师罗伯特·布莱认为：标题是广告的一部分，其功能在于引起注意，而引起注意是说服消费者购买产品的第一步。也就是说，电商文案标题的核心作用是吸引消费者的关注。当电商文案标题能强化销售信息、加深消费者印象时，就实现了引起消费者关注的目的。但是如果电商文案标题是为了创意而创意，模糊了销售信息，那么就失去了它应有的价值。总之，在创作电商文案标题时，应注意以下问题。

4.3.1 忌标题夸大其词

有时为了吸引消费者，提高文案的点击率，部分电商文案创作者会采取夸大其词的手法来写作标题，其标题描述严重偏离事实（如“价值百万的销售秘籍”“一周瘦了20斤”），或者标题与内容完全无关或关系不大，这种做法是不可取的。虽然这类标题能够吸引消费者阅读文案内容，但是当消费者发现“上当受骗”后，就会直接避开这类文案，并且也不会分享传播信息，更不会购买产品。所以，通过夸大其词的标题提高点击量和阅读量是得不偿失的做法，夸大其词的标题不仅会伤害目标消费者的感情，也会严重影响品牌和企业在消费者心中的形象。

4.3.2 避免标题意义含糊

标题是对文案正文内容的高度概括，通过标题人们可以明确知道文案的主要信息。因此，电商文案标题应该主题鲜明，简单易懂。电商文案创作者在写作标题时应避免使用晦涩难懂的生僻词汇或者意义不明确的词语，避免产生歧义，甚至误导消费者。

案例 3：某饮料品牌文案标题用词含糊惹争议

近年来，在科学知识的普及下，很多消费者开始意识到过多食用糖可能会对身体造成不良影响，因此对“无糖”产品的需求大量增加，很多号称“无糖”“0热量”的产品也相应出现，并吸引了众多消费者购买。

一直以来，某饮料品牌的产品在消费者心目中属于无糖饮品，其文案标题也使用了“0蔗糖”这样的词语（见图4-14）。然而，该品牌后来承认并道歉，其宣称的“0蔗糖”饮料并不代表“0糖”，而是含有乳糖、结晶果糖等其他糖，而这些糖类物质的热量、升糖效应可能依然较高。也就是说，该品牌在消费者对于“无糖”类产品认知还不到位的情况下，玩了一个文字游戏，对消费者产生了很强的误导。

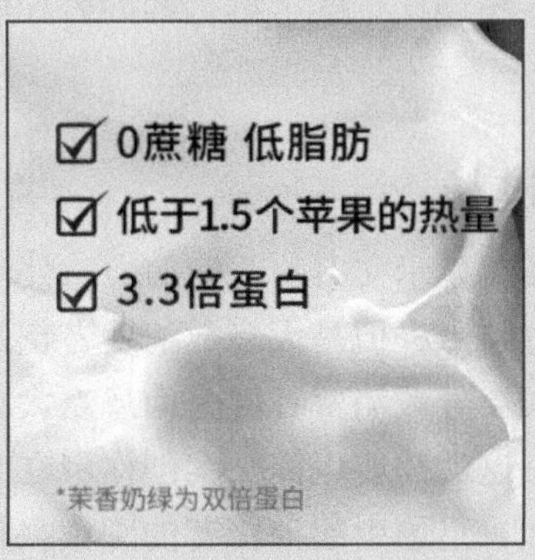

图4-14　某饮料品牌产品文案

此事件一曝出，便引起轩然大波，不少消费者认为自己受到了欺骗，表示之前就是因为该品牌文案宣称无糖才放心购买的。有法律人士表示，该品牌的上述标识和宣传违反了《中华人民共和国消费者权益保护法》的相关规定，属于引人误解的宣传，应该承担相应的法律责任。

素养课堂

《中华人民共和国消费者权益保护法》第二十条规定，经营者向消费者提供有关商品或者服务的质量、性能、用途、有效期限等信息，应当真实、全面，不得作虚假或者引人误解的宣传。

4.3.3 注意避开敏感词

一些商家为了吸引消费者的关注，可能会在标题中添加“最高级”“最佳”“第一”“首次”“极致”“独家”等词语，以凸显产品的价值，如“全球首发！绝无仅有的保温杯，你值得拥有”。然而根据《中华人民共和国广告法》的规定，这些都属于敏感词，不得在文案中出现。

专家点拨

除了敏感词外，文案中还要避免出现歧视性、冒犯性、低俗露骨或者违背社会公序良俗的内容，尽量少涉及争议较大的话题，避免对品牌造成负面影响。

4.3.4 避免重复使用标题

当同质产品（产品品质和特性比较类似的产品）较多时，尽量不要对所有的产品文案都使用一样的标题。虽然使用同一标题省时省力，但会降低消费者对品牌的认知度。电商文案创作者应挖掘不同品牌产品的特点，创作出具有独特个性的文案标题。

4.3.5 避免标题过长

虽然长标题能够详细地显示文案的关键信息，使消费者直接通过阅读标题就能接收到产品或品牌的特点，但是大多数消费者都是以走马观花式的阅读方式浏览信息的，标题过长会导致消费者因为信息量太多，而没耐心读完整个标题就直接放弃打开文案。这就需要电商文案创作者在有限的字数内，将需要表达的信息关键词放在前面，迅速引起消费者的阅读兴趣，特别是微信公众号文案的标题，建议字数控制在20字内。避免标题过长的有效方法是，在保留核心信息的基础上，不断删减字数、调换句式，或者用短词语替换长词语等。例如，“新鲜采摘的葡萄，颗颗分明、个大清香，吃一口甜到心尖儿，还不赶紧购买！此时不买更待何时？”可以修改为“来尝鲜啦！个大清香的葡萄新鲜上市，给你初夏的甜蜜！”

4.3.6 忌长时间不更新标题

频繁更换或修改标题不利于品牌宣传，使消费者对品牌认知产生混淆，但若长时间不更新标题，也会使消费者失去新鲜感和兴趣。为了保证消费者的持续关注，电商文案创作者应当根据产品的生命周期创作有针对性的标题，如产品处于发布期、成长期、成熟期、衰退期等不同时期时，应采用不同的标题，对于季节性的产品，应创作出符合当季特色的标题。此外，标题还可结合节日、热点、促销等进行适当的更新。

专家点拨

撰写文案标题时，还需要注意以下事项。

（1）标题不是概括全文，而是文案的精华所在，起到吸引消费者关注的作用。

（2）消费者通常会筛选掉那些与自己不相关，或同质化的标题。

（3）标题应避免出现错别字。

（4）标题中如果有数字，宜用阿拉伯数字，如“一”，要换成“1”。

（5）最好不要重复出现同一个字、词。

（6）借助热点撰写的标题，应该注意热点的时效性。

（7）标题关键词不要涉及过多领域。

同步实训——为植物补光灯写作文案标题

微课视频

第4章 同步实训——为植物补光灯写作文案标题

【实训背景】

近年来，养花一族逐渐壮大，但很多人并没有花园、露台这样的养护环境，苦于不能满足植物生长所需的光照条件，造成植物长势慢、花量少等问题。农业相关专业毕业的小杨就属于这个群体中的一员。小杨认为，人的创造力是无限的，只要肯钻研，自然条件的不足也有办法克服。面对市面上没有合适的植物补光灯的情况，小杨发挥自己的创造力，利用所学知识，刻苦钻研，经过两年时间，研发出了一款家用的植物补光灯。经反复试验后发现效果很不错，于是小杨便联系了厂家大批量生产，并开设了一家网店在网上销售。植物补光灯的信息如下。

- 仿太阳光全光谱，能基本满足常见植物的补光需求。
- 功率100W，使用10小时仅耗1度（1度=1千瓦时）电。
- 光照范围大，能满足多个植物的光照需求。
- 主要使用场景包括无太阳直射光的阳台、花店等。
- 拥有专业机构的光谱照度测试报告。
- 拥有短路保护、雷击保护、过温保护等保护机制。

此外，该产品原价为199元，为了促进销售，该网店决定在五一期间针对该产品开展为期3天的8折优惠活动（即优惠后的价格为159元）。

【实训要求】

结合电商文案标题创作技巧，为该产品创作直言式、提问式、悬念式、数字式、危机式、见证式标题。

【实训步骤】

（1）创作直言式标题。直言式标题直观明了，适合表现关键营销信息，小杨结合通过利益诉求吸引消费者的写作技巧，从产品的促销信息入手写作直言式标题。写好的直言式标题为："植物补光灯上新！五一节3天，8折即可入手！""五一节福利来啦！植物补光灯原价199元，现在只要159元！"

（2）创作提问式标题。提问式标题可以引发消费者的思考，小杨认为可以从目标消费者常见的疑问（如养花光照不足怎么办等）入手，并结合设问的修辞手法写作标题。写好的提问式标题为："花草缺少光照长势不好？试试这款植物补光灯""阳台缺光还想养月季？这不是不可能，补光灯了解一下"。

（3）创作悬念式标题。悬念式标题主要通过引起消费者好奇心来吸引关注，小杨认为可以设置与缺光养花相关的悬念，并结合拟人或比喻的修辞手法创作标题。写好的悬念式标题为："阳台长期见不到太阳，她养的月季却都'想开了'，秘诀原来是它""阳台的多肉颜色鲜艳且饱满，老妈靠的是这个'小太阳'"。

（4）创作数字式标题。数字式标题能让信息更直观，小杨结合强调产品卖点的技巧，用数字来强调耗电量小的产品卖点。写好的数字式标题为："原来补光灯这么省电！一天开10小时，花不了1元钱""这么漂亮的植物靠这灯活着，它却一天花不到1元钱"。

（5）创作危机式标题。危机式标题需要制造一定的危机感，小杨认为可以围绕植物缺光导致的后果来制造危机感，并借用名人效应写作标题。写好的危机式标题为："××（某养花达人）来养也搞不定！你知道植物缺光容易产生哪些后果吗？"

（6）创作见证式标题。消费者普遍关心植物补光灯是否真的有效的问题，因此小杨认为见证式标题可以从该角度入手，以打消消费者的顾虑，同时加入网络流行语。写好的见证式标题为："买它买它！用了这款植物补光灯，长期不开花的月季都开花了""真香！养花达人入手补光灯1周后的感想"。

思考与练习

1．选择题

（1）【单选】（　　）是非常常见的一种文案标题类型，其特点是直观明了、实事求是，其简明扼要的内容使消费者对产品或品牌特点的一目了然。

A．话题式标题　　B．直言式标题

C．新闻式标题　　D．对比式标题

（2）【多选】文案标题的创作技巧有（　　）。

A. 以利益诉求吸引消费者　　B. 精准锁定目标消费者

C. 使用网络流行语　　D. 借用名人效应

（3）【单选】（　　）就是利用词汇的多义及同音（或音近）的条件，使语句有双重意义，言在此而意在彼。

A. 双关　　B. 比喻　　C. 拟人　　D. 对偶

（4）【单选】文案标题“你的头发在生气”采用的是（　　）手法。

A. 双关　　B. 排比　　C. 拟人　　D. 夸张

2. 填空题

（1）提问式标题的提问方式可以是＿＿＿＿＿＿、＿＿＿＿＿＿、＿＿＿＿＿＿。

（2）在文案标题中＿＿＿＿＿＿能唤起消费者内心的场景联想。

3. 判断题

（1）采用夸张修辞手法写作电商文案标题时，通常以挑战常识或制造冲突的方式来实现，同时还可以采用夸张的口吻进行陈述，尽力表现出惊讶的情绪，渲染出意料之外、新奇、独特的氛围。（　　）

（2）长标题能够显示文案的关键信息，使消费者直接通过标题就能接收到产品或品牌的特点，因此标题越长越好，至少应有20字。（　　）

4. 操作题

现有一款新上市的家用智能吸尘器，请根据以下产品功能介绍创作直言式标题、提问式标题、见证式标题。

- **智能清洁：**只要按下启动按钮，不需要人工辅助，便可自动吸尘。
- **遥控清扫：**红外线遥控感应器，随时遥控清扫。
- **边缘清扫：**装有侧边刷，可清除室内死角区域的灰尘。
- **自动充电：**电量不足时，主动寻找充电器进行充电。
- **低噪节能：**作业噪声50分贝，且充电5次仅耗电1度。
- **停机保护：**处于卡住停滞状况时，10秒后会自动断电，以保证安全。

直言式标题：＿＿＿＿＿＿＿＿＿＿＿＿＿＿＿＿＿＿＿＿

＿＿＿＿＿＿＿＿＿＿＿＿＿＿＿＿＿＿＿＿＿＿＿＿

提问式标题：＿＿＿＿＿＿＿＿＿＿＿＿＿＿＿＿＿＿＿＿

＿＿＿＿＿＿＿＿＿＿＿＿＿＿＿＿＿＿＿＿＿＿＿＿

见证式标题：＿＿＿＿＿＿＿＿＿＿＿＿＿＿＿＿＿＿＿＿

＿＿＿＿＿＿＿＿＿＿＿＿＿＿＿＿＿＿＿＿＿＿＿＿

第5章 电商文案内文的创作

案例导入

小张是一名回乡创业的大学生，管理着家里的茶园，并开了一家茶叶网店。近段时间网店销售情况一般，小张认真写作了一篇文案，旨在促进茶叶的销售。该文案开头描述了早春时节，坐在窗边品茶听雨声的场景，营造了一种惬意、舒适的氛围，以吸引消费者继续阅读。文案正文部分则介绍自家茶叶，围绕茶叶的外观，茶汤的颜色、香气等，展开简洁有力的直接叙述，如鲜爽有味、香气持久、汤色透亮等，让消费者能直观地体会茶叶的特点，并配上了精致的图片，给消费者以美的享受。结尾部分则呼应开头，强调在春日品茶是一件美好的事，并引用白居易的诗句“无由持一碗，寄与爱茶人”，增加了文案的文化内涵。该文案发布后，获得了不错的反响，很多消费者表示被这篇优美的文案所打动，并对小张的网店产生了好感。小张网店的茶叶销量也有了明显增长。

由此可见，高质量的电商文案内文能够打动消费者，使消费者对产品或品牌产生好感，进而产生购买行为。

学习目标

- 掌握电商文案开头的写作方法
- 掌握电商文案正文的写作方法
- 掌握电商文案结尾的写作方法
- 能够写作出有吸引力的电商文案内文

素养目标

- 了解广告宣传相关的法律法规，增强法律意识
- 积极学习优秀传统文化，提高文案的文化内涵

5.1 开头的写作方法

虽然标题吸引了消费者打开电商文案，但是只有文案开头引起了消费者的阅读兴趣，消费者才会继续阅读后面的内容。因此，撰写出有吸引力的文案开头十分重要。一般而言，电商文案创作者在写作文案开头时，可以使用以下几种写作方法。

5.1.1 热点开头

引入热点是电商文案创作者常用的写作方法。热点不仅可用于标题的撰写，同样也适用于文案开头的创作，这样能起到用热点吸引消费者的作用。同时，用热点开头也可以呼应热点式标题，然后再过渡到电商文案创作者想要表达的观点或推广的内容。例如，某在线购书平台在中国女足夺取亚洲杯冠军之际，发布了一篇“女足夺冠，我们能做的不只是庆祝”的文案。文案以女足夺冠的热点作为开头：“我们赢了！在刚刚结束的女足亚洲杯决赛中，中国队在上半场0 ：2落后的情况下绝地反击，在最后时刻凭借一记绝杀以3 ：2逆转韩国队，夺取了冠军！”该开头为文案后文介绍描写蹴鞠（足球运动的前身）运动的古诗词，号召大家了解传统文化和历史，并为推广相关古诗词书籍做了铺垫。

如今，“追热点”已然成为文案创作常用的写作方法，因为它相对简单，电商文案创作者只需要在文案开头引入热点，就能引起消费者的阅读兴趣。但借助热点创作文案，需要掌握热点的“生命周期”，只有在热点的“生命周期”内创作出相关文案，才能达到更好的推广效果。

案例 1：借势冬奥会热点——美团文案“高手也需要小帮手”

冬奥会期间，与冰雪项目相关的话题一时成为网络热点，各个冰雪项目的优秀运动员也备受关注。美团适时地发布了一则视频文案，文案的开头是“雪天起床训练不算难，雪天吃点好的有点难”，以冰雪运动员的口吻讲述了生活中的难题，并配以冰雪运动的画面（见图5-1），迅速吸引了一直关注冰雪赛事的消费者。

接着，文案又呈现了其他冰雪运动员面对和解决日常小难题的生活场景，如打车、骑单车、买花、借充电宝等，描绘出一位位冰雪运动员借助美团解决生活难题的故事，将看似与普通人有些距离的冰雪运动员与生活的吃喝玩乐关联起来，拉近与消费者的距离。文案让消费者意识到这些出色的冰雪运动员也是普通人，也需要面对生活里琐碎的“柴米油盐”，由此点明“高手也需要小帮手”的主题（见图5-2），凸显了美团作为日常生活难题有效解决方案的小帮手角色。

图5-1　冰雪运动画面

图5-2　高手也需要小帮手

专家点拨

广告文案写作界的传奇人物约瑟夫·休格曼对文案开头和标题的重要性做了以下总结：文案标题的作用是让人阅读正文第一句话，正文第一句话的作用是让人阅读第二句话，后面的依次类推。另外，他认为“做到最吸引人，解决消费者第一困惑，创造一种场景”是写作文案开头的关键技巧。

5.1.2　悬念开头

悬念开头是文案写作中使用得较多的一种方法，不论是展示哪种产品或品牌，以悬念开头的文案，通常都会把吸引消费者关注放在第一位。以悬念开头的文案有以下3种常用的制造悬念的方法。

- **提出问题制造悬念。**通过提问引发消费者的好奇心是常用的悬念制造方法，如“吾日三省吾身，这个月的销售指标完成了吗？这个月的销售指标完成了吗？这个月的销售指标完成了吗？”该文案开头反复提出“这个月的销售指标完成了吗？”的问题，容易激发职场人士特别是销售人员的好奇心。又如，TCL曾在京东首页发布的一则宣传文案，如图5-3所示，文案开头就提出“12.15，我出钱，你任性，约吗？”的问题，瞬间就引起了消费者的关注，在一天内其阅读量就超过了6000万人次，直到消费者的讨论热情达到最高点时，品牌才揭开了文案主角的神秘面纱，赚足了消费者的眼球，达到了营销推广的目的。

图5-3　TCL宣传文案

- **通过戏剧化的场面制造悬念。**戏剧化的场面能给消费者提供想象的空间，如“我一直不知道为什么他要放弃年薪20万元的公务员工作，陪老婆在淘宝卖衣服，直到昨天晚上的一席谈话！”这样的文案开头会使消费者产生很多疑问：“为什么他会放弃高薪职业？”“为什么他愿意在淘宝卖衣服？”“谈话的内容究竟是什么呢？”然后消费者会继续阅读文案内容来解开心中的疑惑。
- **通过设置冲突制造悬念。**通过在文案开头设置冲突也能激发消费者的好奇心，如临近端午节，五芳斋发布了一则名为“寻找李小芬”的视频文案，图5-4所示为“寻找李小芬”视频片段，文案讲述了一名保安协助老爷爷寻找李小芬的温情故事，展现了五芳斋对传统与人情味的珍视，与品牌产品定位高度契合。该文案以老爷爷“闯入”学校找人，却被保安拦下开头，制造了剧情冲突和悬念，让消费者对事态的发展，以及谁是李小芬、老爷爷与李小芬是什么关系等产生好奇，进而观看视频文案。

图5-4　“寻找李小芬”视频片段

5.1.3 论点开头

将论点放入文案开头，能够明确地向消费者表达文案的意图，让消费者更轻松地阅读文案。如果论点是消费者感兴趣的话题，那么无论消费者是否认可该文案开头所表达的观点，他们都会产生阅读文案内容的欲望。当文案开头的论点得到消费者的认可时，通常消费者会对该文案产生好感并带着愉快的心情阅读文案正文；当消费者对文案开头的论点持怀疑态度时，消费者就会带着疑问去阅读文案正文，并查探该文案所表达的观点为何与自己的想法不一致。

案例 2：“何为青年”——京东五四青年节文案

在五四青年节到来之际，京东发布了一则特殊的品牌宣传视频文案，其邀请了3对各有特色的人物组合就“何为青年”这一问题展开探讨。该视频文案以6位主角对于“何为青年”的回答作为开头，图5-5所示为“何为青年”视频文案，具体文字内容如下。

青年是拒绝平庸

青年是与梦想并肩

青年是荆棘丛生也要风雨兼程

青年是激情澎湃的热爱

青年是敢于梦想的底气

青年是在大有可为的时代里有所作为

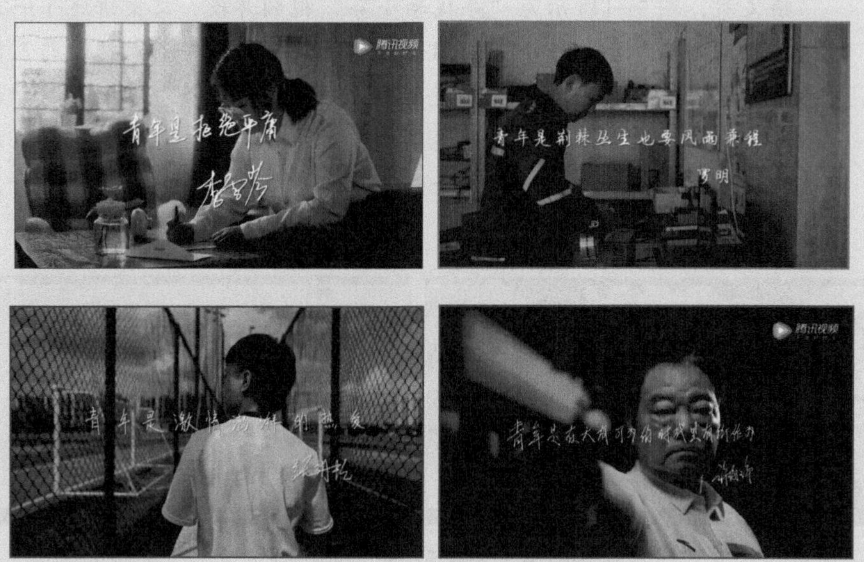

图5-5 “何为青年”视频文案

文案开头展现了6位主角对于青年的定义后，便以书信对话的形式，让每一组人物出场围绕自己对于青年的定义展开论述，每一组人物根据其身份的不同选择了不同的论述角度。

3组人物的身份不同，努力方向也不一样，但文案最后却对他们表述的共同点进行了很好的提炼总结，概括出了当代青年的特点，即“青年有为，热爱有光”，点明了“对于生活的热爱，是闪耀在每个青年身上最亮的光”的主题，文案所传达出的积极向上的人生态度赢得了众多消费者的好感，它帮助京东树立了良好的品牌形象。

专家点拨

“论点 + 论据”是一种常见的文案结构，即电商文案创作者首先在文案开头表达某个主张或观点，然后在正文中对该主张或观点进行阐述、论证或解释。

5.1.4 对比开头

电商文案创作者在撰写文案时，如果产品的推荐信息或销售信息展示得过于直接，就可能会让消费者排斥，而在文案开头设置对比，就能够起到抛砖引玉的作用，使文案更自然地传递广告信息。例如，某主打榴莲千层糕点的品牌，其在宣传文案中的开头是：“如果说这个世界上有一种东西，能让人疯狂着迷，那一定是榴莲。要说比榴莲还让人嘴馋的，那只能是榴莲千层糕了。”该文案开头并不是直接夸耀产品有多好，而是通过巧妙的铺垫，用“榴莲”与“榴莲千层糕”做对比，层层递进地推出产品，然后配上产品图片并详细介绍产品信息，从而吸引消费者。

专家点拨

上述文案开头的句式是非常常见的写作手法，首先用“如果说……那一定是……”引出产品的大品类，然后再用“要说……那只能是……”引出主推产品，如“如果说大热天幸福的事情，那一定是喝可乐。要说比喝可乐更幸福的，那只能是喝冰镇的可乐”。

5.1.5 情景式开头

文案的本质是解决企业与消费者之间的沟通问题。情景式开头的文案有两种撰写方式。

一种是直接在开头将产品放入日常使用情景中，通过对产品使用情景的细致描述，渲染出消费者渴求的情感氛围，让消费者不知不觉融入情景中，心甘情愿地接受所推广的产品。例如，在世界杯期间，某洗衣机品牌发布的文案开头："熬夜看球赛？没空洗衣服？都交给我吧！ ××洗衣机帮你解决所有问题！"又如某知名火锅品牌推广文案的开头："生活节奏快没时间做饭？厨房小白不会做饭？做的饭菜总是少点滋味？别急，这些问题全都能用一种方式解决，那就是——料汁。"这些文案开头都描述了产品在某个场景里的使用情况，并通过产品为消费者提供了解决问题的方案，满足了消费者的实际需求。

另一种是在文案开头塑造一个与消费者息息相关的生活场景，即通过描述出消费者的日常生活，引起消费者的共鸣，激发消费者的阅读兴趣，然后过渡到所推广的产品。例如，某洗碗机品牌在春节期间发布了一则文案。文案的开头"一年之计在于春节不上班，胡吃海喝挪进沙发拍肚腩。打开电视从舞美聊到后台盒饭，聊到今天谁洗碗，心慌气短"，就描绘了除夕夜团圆饭后一家人相互推托洗碗的场景，这一日常、普遍的生活场景能很好地引发消费者的共鸣，从而推动其继续阅读文案。有了这一开头的铺垫，文案接下来很自然地过渡到对洗碗机的介绍，强调了洗碗机可以让大家轻松愉快地享受除夕夜的时光，而不用操心洗碗这项家务。

专家点拨

大部分的消费者都愿意阅读描述出自己日常生活的文案内容，凡是能够引起消费者关注的事件，不管是八卦故事、热门新闻，还是日常琐事、人际往来，都可以作为情景式开头的素材。

5.1.6 引用权威开头

大多数消费者会比较信任权威人士或机构的推荐，因此，在文案开头借助权威人士的言论或者权威机构的鉴定便能快速有效地打消消费者的顾虑，让消费者阅读相关的产品信息并产生购买行为。比如"权威机构分析了超过2000起盗窃案，发现这种锁很少被撬开"比"这是一把非常好的锁"的描述更有吸引力和说服力。

电商文案创作者在引用权威开头时，可选择在行业里有举足轻重地位的权威人士或机构，同时可提供准确的数据增加文案的可靠性，使文案更有说服力。例如，某文学赏析类知识付费产品的文案开头，通过列出主讲人的教授身份、学历背景、获奖情况等信息来表明其在文学研究领域的权威性，增强该文案的说服力。其内容如下。

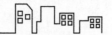

××毕业于××大学中文系，现为××大学中文系教授、博士生导师。其创作的文学研究著作被译为多国文字，并受邀成为《古诗词××》等文化节

目特邀点评嘉宾。

素养课堂

权威固然能增强文案的说服力，但不能随意使用。根据《中华人民共和国广告法》：广告不得使用或者变相使用国家机关、国家机关工作人员的名义或者形象，不得使用“国家级”等词语；农药、兽药、饲料和饲料添加剂广告不得利用科研单位、学术机构、技术推广机构、行业协会或者专业人士、用户的名义或者形象作推荐、证明。

5.1.7 内心独白式开头

内心独白式的文案开头就是将文案中人物内心的真实想法表露出来，或是电商文案创作者作为事件亲身经历者进行开场陈述。例如，某空调品牌推广文案的开头“小时候总觉得自己很勇敢，就像美少女战士，注定是要拯救世界的。虽然不明白真正的勇敢是什么，但在‘某种’力量的守护下，我们一步一步成长，最终独自勇敢地走向这个世界”。其被认为是人物内心活动真实的反映，所以容易给消费者以情真意切、发自肺腑的印象，从而取得消费者的信任。

电商文案创作者可以采用拟人的修辞手法赋予产品人格化的形象，撰写出产品的“内心独白”，如某知名火锅品牌推广文案的开头为：“在美食圈，有一些常年被人们忽略的‘黄金配角’，它们戏份不重，甚至连名字也不为人所知，但少了它们，一道菜就味同嚼蜡。它们都有一个共同的名字叫香料。”文案开头将香料比作美食圈的“黄金配角”，语言生动形象，增强了文案的感染力。图5-6所示为某款核桃产品的宣传文案，在开头以拟人的修辞手法讲述了该核桃产品的心情，使其“俏皮”的产品形象跃然纸上，增加了消费者对该产品和品牌的好感。

专家点拨

电商文案创作者在采用内心独白的写作手法撰写文案开头时，语言应通俗易懂，同时要真诚地表达自己的情感。某社群中关于学习产品的推广文案，其开头采用了直白简单的描述：“我叫 ××，一个每天忙得不可开交的新手妈妈。每天，我有 3 件固定的事要做：上班、带娃、刷朋友圈……”。这类直白的表达对有相同境况的新手妈妈有很大的吸引力，她们可能会想通过阅读正文内容来了解这位新手妈妈所要阐述的信息，因此她们也更容易接受产品的推广信息。

图5-6　某款核桃产品的宣传文案

案例 3：充满真情实感的内心独白文案引发消费者共鸣

某酸奶品牌邀请某女演员拍摄了一个视频（见图5-7），文案开头“我是谁？女儿，妻子，母亲。我演绎过不同年龄的她。最终，我回归，是我自己”，以第一人称的口吻向消费者表述自己的内心想法，让消费者看到该演员的内心世界，可以吸引消费者尤其是女性消费者继续观看。该文案以身份为切入点，表达了该演员对于“我定义我自己”的内心体悟，进而引发众多女性消费者的共鸣。同时，该文案抓住“我定义我自己”这个关键词，告知女性要关注自己、认可自己、自己定义自己，并放下负担，与产品“健康、无负担”的特质关联起来，加深了消费者对于产品卖点的印象。

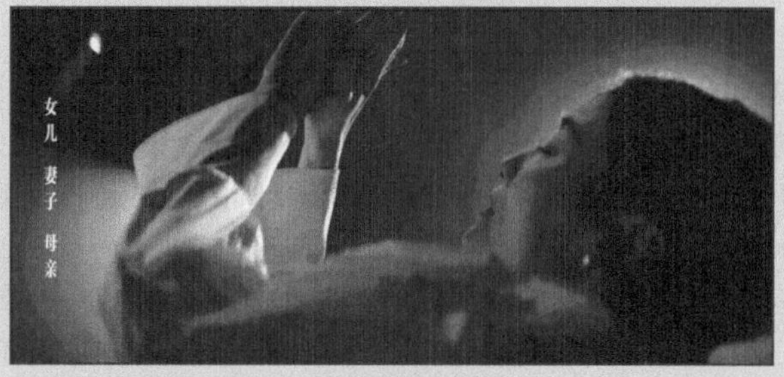

图5-7　某酸奶品牌发布的视频文案

5.1.8 引用名言警句开头

名言警句通常言简意赅且含有丰富的寓意和人生哲理，在文案开头引用名言警句，可以使语言更加精练，凸显文案的主题及情感表达，既能激起消费者的阅读欲望，又能提高文案的可读性。例如，某家居用品网店文案开头引用作家列夫·托尔斯泰的名句“幸福的家庭都是相似的，不幸的家庭各有各的不幸”，来引出对幸福家庭的描述，进而引出网店的家居用品。名言警句应用恰当，能增强文案的气势，但是需要注意的是，引用名言警句，应当保证引用准确，不能出现知识性错误。

专家点拨

电商文案创作者在撰写文案开头时，可以通过模仿或改编名言警句，精心设计一个短小精悍又意蕴丰富的句子，或富有哲理的小故事，用以提升文案的文学品位，达到吸引消费者关注的目的。

5.1.9 新闻报道式开头

以新闻报道方式撰写文案的开头，可以增加文案的可信度，进一步增强营销效果。撰写新闻报道式的文案开头，需要以媒体的方式、新闻的手法对某一产品、事件或品牌进行报道，有的企业为了增加产品的可信度，甚至会聘请专业记者写作文案。由于新闻报道式的文案开头完全采用新闻体进行组织，所以会让很多的非专业人士误以为它是真正的新闻而仔细阅读。例如，某款汽车脚垫的宣传文案，在开头使用了新闻报道的方式描述了该款脚垫采用新型轻型环保材料，并报道了该款脚垫的良好销售情况，增加了产品的可信度，其开头的内容如下。

六一儿童节不仅是儿童的节日，还是家人外出旅行的好时机。现在大部分家庭都有车，这也使汽车脚垫等汽车内饰品的销售十分火爆。记者走访市场发现，一款名为“××轻型环保汽车脚垫”的产品在汽车脚垫类产品中“独占鳌头”，其销量远超其他产品。

记者走访了诸多批发市场，发现很多经销商都对这款产品赞誉有加，表示这款产品已经多次脱销。该轻型环保汽车脚垫颠覆了传统模式，采用新型轻型环保材料，优势突出，所以成了当下销量领先的汽车脚垫产品。记者经过调查也发现，这款脚垫……

撰写新闻报道式的文案开头，并不在于对新闻写作形式的模仿，主要在于掌握文案内容的新闻性，即当产品中含有令人们感到新奇的信息，或者它与某些新闻事件、新闻人物有联系时，借题发挥，以新闻文体的形式撰写文案开头。

总体而言，撰写新闻报道式的文案开头要做到以下几点。

1. 内容真实

撰写新闻报道式的文案开头，首先阐述的信息必须是真实可靠的，并且要点明事件的起因和结果。对其中的人名、地名、时间、数据和引语等内容，要仔细核实，不能出现虚假的信息，更不能为了产品或品牌的推广效果，恶意欺骗消费者。消费者对自吹自擂的广告存在逆反心理，在这种情况下，以事实为依据的新闻报道式的文案开头，更使人信服，更容易吸引消费者关注。

2. 突出有新闻价值的内容

撰写新闻报道式的文案开头要去捕捉有新闻价值的内容，然后将这些内容以新闻报道的方式呈现，因为有新闻价值的内容才能有效地吸引消费者关注。

3. 运用背景材料突出产品的特点

背景材料是新闻报道式的文案开头中重要的组成部分，常常能起到解释新闻和深化主题的作用。许多产品由于历史悠久，积累了各种各样的背景材料，如果适当地运用这些背景材料，就可以大大增强产品的说服力和吸引力。

案例 4：双鹿冰箱与海尔热水器的新闻体宣传文案

（一）双鹿冰箱宣传文案

新春时节，京华传喜讯。新华社公布了轻工业部质量等级公报，中国家用电器工业质量检测中心对电冰箱九个指标测试，按国际标准划分等级。双鹿冰箱跃入国际先进水平A级（优良）行列……

（二）海尔热水器宣传文案

日前，海尔健康系列热水器顺利通过省科委组织的国家级技术鉴定。在鉴定会上，海尔健康热水器9大系列30个品种的新产品以其分体线控、出水断电、超强节能、零水压等先进技术，赢得了与会专家的一致好评。尤其是磁化除垢技术在热水器中的应用开创了健康洗浴的新纪元，赢得了与会专家的高度评价。经过严格的审查、评议，专家们确定海尔健康热水器3大系列8种产品达到国际先进水平，6大系列22种产品达到国际领先水平……

上述双鹿冰箱的宣传文案开头，内容直接引用新华社的新闻报道，增强了产品信息的权威性。海尔热水器的宣传文案开头则采用新闻文体的写作方法，阐述了海尔健康系列热水器通过了国家级技术鉴定。这两则新闻报道式的宣传文案给消费者的感受是非常具有权威性。

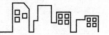

5.2 正文的写作方法

微课视频

5.2 正文的写作方法

正文是文案中处于主体地位的语言文字部分，其主要功能是解释或说明文案的主题，详细叙述文案标题中引出的广告信息，使目标消费者了解相关产品，并对其产生好感，激发购买欲望。

正文的写作方法多种多样，但是无论电商文案创作者采用哪种诉求方式、使用哪种修辞手法来写作文案正文，只有有效地表达出产品的卖点，满足消费者的实际需求或写出引起消费者情感共鸣的文字内容，才能真正地说服和打动消费者，促成消费者的购买行为。

5.2.1 简洁有力的直接陈述

文案的写作目的是用消费者容易理解的方式传达产品的特点或品牌形象。大部分消费者浏览产品页面的时间很短，如果文案内容表达不清晰，就容易丢失潜在的消费者，所以快速有效地传达产品信息非常重要。消费者需要靠文案了解产品信息，所以文案对产品信息表述得越简洁有力，消费者对产品越容易有深刻印象。

简洁有力的直接陈述就是直截了当、简洁明了地说明某产品或服务的优势，解决了某种问题等，这种写作手法主要围绕产品本身的功能或特性来展开，同时结合消费者的购买动机和需求，引起消费者的购买欲望。图5-8所示为今麦郎凉白开宣传文案，该文案通过“口感柔，喝着舒服”“健康饮水，饮健康水”的有力陈述，让消费者第一时间知晓今麦郎凉白开口感好而且有益健康，使消费者对该产品产生好感。

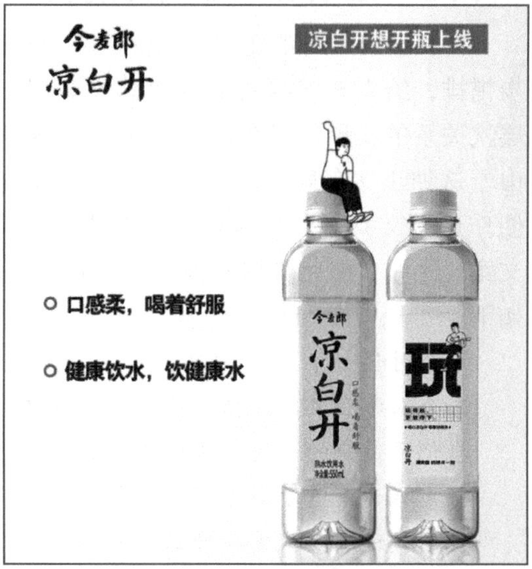

图5-8 今麦郎凉白开宣传文案

直接陈述的写作方式能够简洁、准确地向消费者传递产品的卖点，所以常用于产品的宣传文案。图5-9所示为某品牌空气炸锅的宣传文案，通过简洁的描述说明了产品“分体式设计”的特点，体现了由此带来的好处——清洗不费劲。图5-10所示为某品牌无线吸尘器的宣传文案，通过“自动断发不缠绕，旋转擦地更高效”的描述表明了该吸尘器的两大卖点，分别是“防缠绕地刷，能自动切断缠绕毛发”“旋转式吸擦一体设计，一次完成吸尘和擦地两项工作”。

图5-9　某品牌空气炸锅的宣传文案

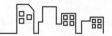

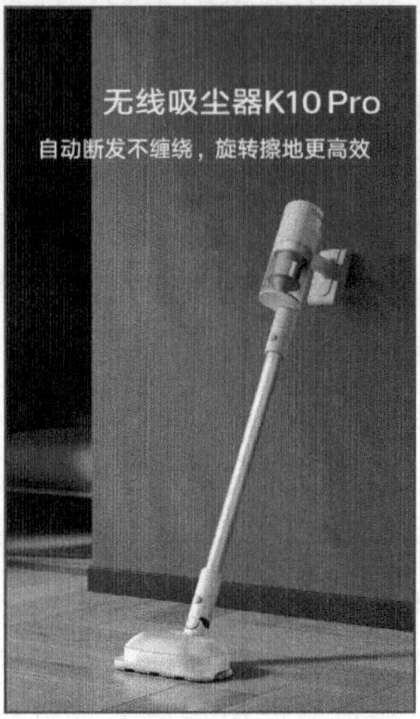

图5-10　某品牌无线吸尘器的宣传文案

5.2.2　层层递进地调动消费者的情绪

层层递进型的正文布局的优点是逻辑严谨、思维缜密，按照某种顺序一步步铺排，给人一气呵成的畅快感觉。层层递进型的正文布局，其着重点在于层次关系的呈现，只有层次分明、节奏感强，才更有感染力。需要注意的是，由于这种正文布局是层层递进地表达文案的主题，因此，电商文案创作者在创作这类文案时，在其开头就要牢牢吸引住消费者，引导消费者观看完整的文案。比如“别克君越·新君子之道”系列广告中主题篇的文案，其部分内容如下。

这个时代，
每个人都在大声说话，每个人都在争分夺秒。
我们用最快的速度站上高度，但是，也在瞬间失去态度。
当喇叭声遮盖了引擎声，我们早已忘记，谦谦之道才是君子之道。
你问我这个时代需要什么？
在别人喧嚣的时候安静，在众人安静的时候发声。

不喧哗，自有声。

别克君越，新君子之道。

在该部分的开头，道出了“每个人都在大声说话，每个人都在争分夺秒”的时代特征，引起消费者的共鸣。然后，话锋一转说：“我们早已忘记，谦谦之道才是君子之道。”最后，点出别克君越“不喧哗，自有声”的“新君子之道”。在层层铺垫和递进中，别克君越精准地表达了自己的品牌定位。

案例 5：致敬劳动者——美团五一节文案

美团在五一节期间发布了一则视频文案，文案部分内容如下。

这是一双手

接送乘客的手

剪头发的手

配中药的手

包花束的手

整理书架的手

做衣服的手

做手术的手

……

每双辛勤劳动的手

都是美好生活的小帮手

但这个五一

我们想帮他们，成为这样的手

不开车的手

什么也不用干的手

为心爱的她做饭的手

和朋友一起庆祝的手

……

放在车窗上的手

开心到鼓掌的手

玩到尽兴的手

兜风的手

陪他长大的手

这个五一，上美团

让每个辛勤劳动的人

都可以放开双手

劳动节快乐

美团，美好生活小帮手

该文案以“手”为锚点，首先聚焦于无数双辛勤劳动的手，配合视频画面中大量的特写镜头，逐一展现不同职业的劳动者们是如何通过双手创造美好生活的。这让消费者深刻感受到他们在平凡岗位上的付出，随后再用一句“每双辛勤劳动的手，都是美好生活的小帮手”向辛勤劳动的人们表示敬意。

然后，该文案更进一步，呈现了一双双在五一假日期间享受的手，集中展现了美团多种业务，表明在美团的帮助下，劳动者们在假期里不需要亲自劳作，便能轻松享受美好生活。例如，“不开车的手”呼应了开头“接送乘客的手”（见图5-11），并展现了美团打车业务；“陪他长大的手”（见图5-12）表现忙碌的父母利用假期陪伴孩子的场景，并展现美团景点门票业务等。

在文案结尾，通过“这个五一，上美团，让每个辛勤劳动的人都可以放开双手。劳动节快乐！美团，美好生活小帮手”等文字，既表达了美团对各行各业劳动者的祝福，传递出美团对劳动者的敬意，又强化了美团是人们生活的小帮手的定位，加深了消费者对其的印象。

总的来说，美团这一则文案通过层层递进的方式引导消费者情绪，将美团“美好生活小帮手”的品牌角色融入每一个平凡人的生活中，让消费者可以更直观地体会到“小帮手”的作用。

图5-11　接送乘客的手

图5-12　陪他长大的手

素养课堂

职业没有贵贱之分，只有分工不同。尽管某些职业看起来不够光鲜亮丽，但对人们的日常生活和社会运转有着很大的影响。因此，我们应该尊重在这些行业辛勤工作的劳动者，在与他们打交道的过程中多体谅他们的困难，并学习他们坚守岗位、兢兢业业的精神。

5.2.3 设置悬念制造出其不意的效果

设置悬念的文案能够充分调动消费者的好奇心，使消费者跟随电商文案创作者的文字描述去解答疑惑。悬念的设置通常和故事本身无关，而在于讲故事的技巧，在于如何讲才能使故事具有诱惑力，并能引起消费者的好奇心和阅读兴趣。

简单来说，文案的悬念设置是从设疑到推疑后到解疑的策略构思过程。

- **设疑**。首先设置疑点，吸引消费者关注，切记不要过早点明结局。所谓悬念，就是要让一些神秘的东西保持神秘感而不被人看透，一旦神秘的面纱被揭开，就起不到吸引人关注的作用了。
- **推疑**。推疑的过程就是充分重视消费者的感受，并根据消费者的期待发展情节，旨在发挥消费者的主观能动性，提高消费者对文案的关注度和参与性。
- **解疑**。解疑是不断深化冲突，并在故事情节的疑点被推向高潮时揭示真相的过程，能带给消费者豁然开朗的感受。

以下为某培训课程宣传文案的正文。该文案在文中设置了这样的悬念：写出成交率很高的文案的方法是什么？

无数的初学者学了很多课程，却没有什么效果，因为他们不知道，只要掌握了这种方法，就可以写出成交率很高的文案。如果你想掌握，请你扫码加入。

上述宣传文案采用了常见的设置悬念的方法，它省去了“推疑”，通过直截了当地设置“疑问”，直接点明主题，告诉消费者想要知道问题的答案，就需要关注产品。

案例 6：“电冰箱再袭击”——某电冰箱宣传文案

以下是某著名广告创意人为某品牌电冰箱创作的一篇宣传文案。

连续三天，早上打开冰箱，里面竟然空无一物，
昨晚从超市买回的一大堆食物都不翼而飞了，
只剩散乱一地的包装纸。
她开始怀疑有附近的流浪汉闯入家中，
但她没有报警，
只是买了更多的食物，
睡前仍把冰箱重重封锁，
这下该万无一失了。

不料隔天发现冰箱又被洗劫一空。

她不禁怀疑冰箱监守自盗，偷吃她的食物，

不过这个可能性她很快就排除了。

可就算她拔掉冰箱的电源，

同样的事故照样发生。

第七天她决定报警，警察在她家装上摄像机，

终于抓到偷吃食物的窃贼，就是她自己。

她每天晚上梦游到冰箱前狼吞虎咽吃光食物，

然后心满意足地回到床上继续她的美梦。

接受治疗时，心理医师告诉她：

“你应该感谢冰箱，

你的冰箱在夜里静静地填补了你白天的空虚和不满。”

这篇宣传文案故事情节紧凑，一步一步地设置悬念，让人目不转睛地跟随文字描述进入作者预设的故事情境中。每当消费者以为答案呼之欲出的时候，这种设想就被否定，而最后作者平静地进行了解密，才使消费者恍然大悟，并顺势推出产品，用“你的冰箱在夜里静静地填补了你白天的空虚和不满”赋予了冰箱丰富的情感，让产品变得有温度，让消费者对产品产生好感。

5.2.4 围绕卖点扩充内容

围绕卖点扩充内容是常用的文案正文写作方法，这种写作方法实际上是对卖点的描述。例如，某款运动鞋的卖点是“透气”，文案正文就可以围绕这个卖点展开，描述该产品使用了什么技术使其透气性好，或者说明透气的实际效果等；某款眼罩的卖点是“护眼”，那么文案正文就可以描述该产品为什么可以舒缓眼睛疲劳，保护眼睛。

又如，某服装品牌发布了一则名为“春夏小凉风”的视频文案（见图5-13），文案分“透透气”“呼吸”“期待流汗”“多晒晒”4个部分，分别围绕服装产品的四大卖点（即面料透气、轻盈、排汗和防晒）展开叙述。该文案并没有直接描述产品的卖点，而是通过烘托氛围、描绘场景等方式让消费者感受夏日微风的清凉，从感官上体会产品的卖点。比如在“呼吸”部分，“凉风是夏天的呼吸声，轻轻的，感受凉。新凉感面料，轻盈会呼吸”等文字，配合清新舒缓的视频画面，让消费者直观地回忆起了夏日凉风的清爽感，将其与产品的轻盈形成关联，让消费者在不知不觉中形成穿上这件衣服也能获得如此感受的想法。

图5-13　某服装品牌的视频文案

案例 7：围绕卖点创作的方太智能蒸箱宣传文案

母亲节期间，方太借势在其官方微博发布了主题为“妈妈的蒸香告白”的宣传文案，用来宣传其智能蒸箱，如图5-14所示。

宣传文案中“蒸的大师水准”具有双重意义，一是“蒸出大师般的水准”，二是“真的是大师的水准”。宣传文案的正文内容就是围绕智能蒸箱“蒸的大师水准”的产品卖点所创作的，通过“大师般精准控温”“大师般火候拿捏”“大师般严谨工序”等语言描述，突出产品的工艺，以及品牌精益求精的态度，使消费者对方太智能蒸箱的专业、智能有形象化的认识。

图5-14　方太智能蒸箱宣传文案

5.2.5 用数字表达产品卖点，简化正文内容

数字可以代表经纬度，可以代表温度，可以代表程度，也可以用多个角度来阐述一个产品，进而简化正文内容。电商文案创作者在写作文案正文时，与其用冗长的文字描述产品的卖点，不如用精确的数字来表达产品的卖点。数字简单、直接，能够让消费者感知到产品的差异性，消费者能够通过数字一眼看出产品的功能特点，同时数字易于记忆和传播。例如，美的低糖电饭煲的宣传文案（见图5-15）就通过“还原糖降低约50%”“抗性淀粉提升约23%”来直观地体现电饭煲的降糖功能，使消费者清楚地知道该电饭煲的降糖效果，增加了消费者对其降糖功能的信任度。

图5-15 美的低糖电饭煲的宣传文案

又如，小米体重秤的宣传文案通过“100克，喝杯水都可感知的精准”来表达小米体重秤的精确。经常使用体重秤的人，往往会非常关注体重的细微变化，所以体重秤是否精准非常重要，而该文案让消费者在“100克，喝杯水”的质量的基础上进行理解，让消费者直观地感受到体重秤的精准，引起消费者的关注。

素养课堂

《中华人民共和国广告法》第十一条第二款规定，“广告使用数据、统计资料、调查结果、文摘、引用语等引证内容的，应当真实、准确，并表明出处。引证内容有适用范围和有效期限的，应当明确表示。”电商文案创作者在写作文案时，如果要引用数据，一定要引用有权威出处的数据，不能自行编造虚假数据欺骗消费者。

案例 8：让数字变得有温度——美的便携空调母亲节文案

临近母亲节，美的针对旗下的便携空调发布了一则感人的文案（见图5-16），文案部分内容如下。

绿豆汤的温度为100℃

炸鸡腿的温度不低于180℃

爆炒虾仁的温度高达300℃

妈妈们平均每年待在厨房里的时间

超过43 800分钟

每顿饭的背后妈妈们都在忍受高温的煎熬

如果爱可以用温度计量

我们希望不要超过26℃

该文案以精确的数字（如180℃、300℃）表现了各种事物的温度，用43 800分钟这样的数字体现妈妈们待在厨房的时间，让消费者直观地感受到了妈妈们在厨房需要忍受的高温煎熬，最后用26℃来点出主题：爱就是给妈妈买一台便携空调，让妈妈们在做饭时也能感受到凉爽、舒适。该文案巧妙地将精确客观的数字与妈妈们的身体感受关联起来，提醒消费者从细节处关注妈妈们的切身感受，使得原本冰冷的数字充满了温情，打动了很多消费者，起到了不错的营销效果。

图5-16 美的便携空调视频文案

5.2.6 用诙谐幽默的方式让消费者放下戒心

信息时代下，人们每天都被迫接受大量信息，其中诙谐幽默的内容总是更容易被消费者接受。多数消费者喜欢阅读充满趣味的幽默故事，在高压社会环境中，幽默是缓解压力的方式之一，因此撰写诙谐幽默的文案内容是一种行之有效的吸引消费者的方法。诙谐幽默的文案有亲和力，能够消除消费者的排斥心理，拉近产品和消费者的距离，使消费者在轻松愉悦的状态下了解产品、接受产品。

在文案中表达诙谐幽默有很多方式，下面对其中4种诙谐幽默的方式进行简单介绍。

- **利用谐音字制造幽默效果。**例如，某化妆品的宣传文案“趁早下‘斑’，请勿‘痘’留”；高德的宣传文案“低的立‘马’看得到”（见图5-17）。这类文案通过谐音字，使语言表达风趣幽默。

图5-17　高德宣传文案

- **使用夸张手法制造幽默效果。**例如，某旅游公司的宣传文案“还不快到阿尔卑斯山玩玩，6000年后山便没了”；某手表产品的宣传文案“本公司在世界各地的维修人员闲得无聊”。这些宣传文案内容通过夸张的语言描述，制造幽默效果，同时又表达出了鲜明的产品特点。
- **使用调侃的语言描述制造幽默效果。**调侃是指用言语戏弄、嘲弄、嘲笑，现在多指开一些无伤大雅的玩笑，委婉地表达自己的观点。例如，某品牌漱口水邀请了一位脱口秀演员来拍摄视频文案，通过大量幽默的段子来传达漱口水的功效，如“近两年脱口秀确实是火了，甚至连我爸都心动，天天在家写稿，说准备明年去节目拿个冠军。我说爸要不然咱先用××漱口。他说怎么漱口水对脱口秀有帮助吗，我说不是，是你的口气实在是太大了”，其通过“口气”的双重含义加以调侃，既制造了很好的幽默效果，又宣传了漱口水清新口腔的功能。
- **使用网络用语制造幽默效果。**网络用语是人们为了提高网上聊天的效率或制造诙谐幽默的效果而采用的语言。在宣传文案中恰当地使用网络用语也能制造出幽默效果。例如，京东京造发布的一则宣传文案中，年轻人正为亲戚给自己介绍对象而发愁，希望为其解忧的京东京造店铺店长给她出招，让她给亲戚送京东京造的茶叶。果然亲戚刚问出一句“孩子有对象了吗”，就闻到茶叶的清香，不由自主地说“哟，真香”，如图5-18所示。其中，“真香”是近年的热门的网络用语，本来是人们形容气味的词语，后来在网络环境中多指一个人原本下定决心做或者不做某件事情，最后却主动做出相反行为的情况。在人们多在后者的意义上使用“真香”一词时，该文案反其道而行之，使用“真香”的本意来表现茶叶的香味，幽默诙谐，让消费者眼前一亮。

图5-18 京东京造的宣传文案

案例9：引发“网络狂欢”——肯德基“疯狂星期四”系列文案

此前，肯德基的疯狂星期四只是一个定期的促销活动，但是众多网友却充分发挥自己的创造力，围绕该活动创作了很多幽默搞笑的段子，制造了一场“网络狂欢”。肯德基自然没有放过这样好的营销机会，顺势举办了“疯四文学盛典”，并正式发布了一系列文案，如图5-19所示。

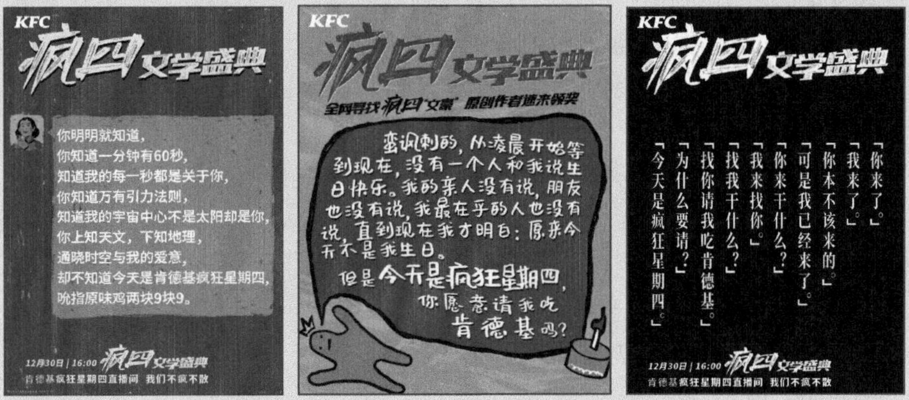

图5-19 肯德基“疯狂星期四”系列文案

这些文案以调侃、搞笑为主，语言表达生动活泼，娱乐性非常强，跳脱出了严谨的逻辑，让消费者感到不知所云却欲罢不能，因此广受年轻消费者的喜爱。此系列文案靠着引人入胜的开头来吸引消费者的眼球，然后通过出人意料的反转，强行引出"今天是肯德基疯狂星期四"这一主题，让消费者感受到一种荒诞的幽默感，并刺激消费者以这些文案为素材进行二次创作，带来了更广泛的参与和讨论。

素养课堂

《中华人民共和国广告法》第三条规定，广告应当真实、合法，以健康的表现形式表达广告内容，符合社会主义精神文明建设和弘扬中华民族优秀传统文化的要求。此前，部分品牌为了吸引眼球，在文案中加入了一些低俗的网络用语或涉及色情、暴力、歧视的段子，引发了公众的不满，给品牌造成了严重的负面影响。对此，电商文案创作者应该引以为戒。

5.2.7 情景对话式的文案正文写作

情景对话式的文案正文通俗易懂，生动自然，趣味性强，容易让消费者接受，让消费者产生强烈的代入感。电商文案创作者在撰写这类文案正文时，可以借用情景式的对话，将文案的主题用平铺直叙的文字描述出来，借助对话直白地表达产品的特点或品牌的内涵。

例如，瑞幸咖啡为新品"厚乳拿铁"发布了一则视频文案（见图5-20），文案通过几对人物之间的对话，巧妙地植入了新品的营销信息。文案部分内容如下。

场景1

李总：贵公司的员工很年轻，都是"后浪"啊。

年轻员工：李总，要不要来一杯厚乳拿铁。

李总：啊?

年轻员工：厚乳拿铁啊，是拿铁再升级的版本，您也尝尝。

画外音：冷萃厚牛乳注入，拿铁就要厚乳；拿铁进入"厚乳时代"，厚乳拿铁。

场景2

闺蜜甲：这瑜伽垫有点厚，不舒服。

闺蜜乙：最近流行的厚乳拿铁，你喝了么?

闺蜜甲：啊?

闺蜜乙：乳蛋白更高，更健康呢。

画外音：冷萃厚牛乳注入，拿铁就要厚乳；拿铁进入"厚乳时代"，厚乳拿铁。

可以看出，该文案采用了人物两两对话的形式，每当一人在对话中提到

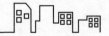

“厚”的同音字时，另一个人就会立马化身瑞幸咖啡的推销员，毫无逻辑地转而向对方推荐厚乳拿铁，通过日常、平实的语言介绍厚乳拿铁的特点（如升级版本、乳蛋白高等），最后以画外音的形式再次强调拿铁进入厚乳时代，加深消费者对厚乳拿铁的印象。

图5-20 瑞幸咖啡视频文案

5.2.8 创作打动消费者的故事

一篇好的文案正文，可以让消费者记忆深刻，拉近品牌与消费者之间的距离，而生动的故事则可以让消费者产生代入感，对故事中的情节和人物产生向往之情。电商文案创作者如果能写出一篇好的故事类正文，很可能可以轻松地找到潜在消费者并提高企业和品牌美誉度。对于电商文案创作者而言，打造一篇完美的故事文案首先需要确定的是产品的特色或品牌的理念，围绕其创作故事，让产品或品牌的相关信息自然地融入故事中，让消费者读完后感觉合理，不突兀。

故事类文案有两种写作切入点，一种是把产品作为主角或叙述者创作故事，另一种是把消费者作为主角或叙述者创作故事。

1. 以产品为主角或叙述者创作故事

以产品为主角或叙述者能够很好地把产品的特色融入故事中，使产品形象化，增添产品的感情色彩，以此来打动消费者。例如，五芳斋的视频文案“白白胖胖才有明天”就以独特的视角，讲述了五芳斋粽子每一颗糯米的“心路历程”。该文案部分内容如下。

我离开那天他们说，我是万中选一。

但大地的气味告诉我：7000年前，也曾经有人像我今天这样出走过。

也许，我的身体准备好了。

但我的心还没有。

记忆中的那个世界，我们感受到的一切都是真实的。

所有火山和黎明是真实的。

恐惧是真实的，

真实不过同伴们最后的诵唱，

和亘古宇宙发生过的43亿次日落。

每一片雪的说话声是真实的，里面有露水和希望。

每一个白天都紧跟着黑夜，是真实的。

每一个黑夜都紧跟着白天，是另一种真实。

黑胶唱片是真实的，阿法狗也是真实的。

如果用生命去跳广场舞，广场舞就是握紧的全部真实。

……

没什么能停住时间，是我们学到的第一课。

然而时间也不能停下我们。

……

每一粒糯米，都来之不易。

糯好粽才好

配合视频画面，该文案讲述了一群人历经雨雪风霜、层层选拔等，最终只有几个成长为白白胖胖、身强力壮的大汉抵达了美丽目的地的故事。就在消费者都认为这是有关成长的励志故事时，文案结尾用两句话表明了主题："每一粒糯米，都来之不易。糯好粽才好。"此时几位白衣大汉也被一张绿色的绸布包裹起来，原来，他们都是糯米，将被制成粽子，如图5-21所示。文案采用拟人手法，用糯米的视角，展现了一颗糯米要成为五芳斋粽子，必须得经过重重考验，从侧面表现了重视产品质量、精益求精的品牌理念。

图5-21 五芳斋视频文案

2．以消费者为主角或叙述者创作故事

以消费者为主角或叙述者创作故事能够更加贴合消费者的生活场景，清晰地传递消费者自身真实的情绪、情感，能够引起消费者的共鸣，使产品和品牌受到消费者的青睐。

例如，百度为推广旗下智能音箱小度，与某漫画家合作，推出了系列文案"小度在家的故事"，讲述了小度使用者平日里和小度接触时所发生的家庭趣事（见图5-22），文案部分内容如下。

图5-22 "小度在家的故事"系列文案

故事1

妈妈气喘吁吁地从外面跑进来，对小度说：

"小度小度，今天天气怎么样？"

小度回复后，妈妈说谢谢，然后等在那里。

我问妈妈等什么，她说："等小度说不客气。"

故事2

自打有了小度，我爸妈说话都喜欢带上"哦"字。

"小度小度，播放新闻哦～"

"小度小度，关灯哦～"

"小度小度，谢谢哦～"

……

他们对小度说话，真是温柔哦。

故事3

给爷爷买了他最近总叨念，

但奶奶一直不让买小度。

他开心得不行，已经逗了两个小时了，

像极了小时候的我，收到他新买的玩具。

故事4

早上妈妈赖床不起来，

爸爸对小度说：

"小度小度，给我媳妇儿唱个歌？"

小度："好的，下面为你播放《猪八戒背媳妇儿》！"

妈妈被小度逗笑起床了。

这则文案取材自小度使用者的真实故事，以生动细腻的笔触，描绘了一个个有趣的生活场景，塑造了一个个鲜活可爱的人物形象，如刚拿到小度开心得像孩子的爷爷，与小度对话喜欢带上“哦”字的爸妈，等着小度说不客气的妈妈等，趣味性十足，带有浓浓的温情。文案将产品——小度置于真实生活场景中，既从侧面展现了小度的各种功能，如查询天气、播放新闻、关灯等，又强调了小度与使用者的彼此陪伴，使作为科技产品的小度更加具有温度。

案例 10：“发现藏在照片里的爱”——华为 P50 手机宣传文案

华为以旗下P50手机使用者的真实故事为素材，创作了一则感人的文案（见图5-23）。该文案选取了归家、出嫁、毕业3个有代表性的场景，分别描绘了亲子、姐妹、同学之间的珍贵感情。

在“归家”场景中，母亲冒着大雪前往车站接女儿，面对女儿的担心坚持说自己不冷，而女儿却通过母女合照中母亲冻红的手发现母亲在“撒谎”，继而感受到了母亲没有言说的爱，并发出“从小教我别说谎的人，差一点就骗到了我”的感慨。在“出嫁”场景中，妹妹面对即将出嫁的姐姐并没有给予祝福，而是略带“庆幸”地说“你可终于走了，以后你这房间就归我了”，而姐姐却从二人不经意间的合照中看出妹妹眼圈红红的。原来妹妹的拌嘴，其实是为了掩饰内心的不舍，因而感叹“比起说出来的祝福，我更珍惜你的忍住不哭”。在“毕业”场景中，女生勇敢地请求暗恋的男生与自己合影，男生虽然没有做任何亲密的动作，女生却从合照中发现了男生微红的脸，这时的文案是“藏不住的脸红，藏着说不出的喜欢”，让消费者体会到青涩而美好的暗恋。

图5-23　华为P50手机视频文案

该文案讲述了3个与合影有关的日常小故事，通过细节（如冻红的双手、微红的眼眶、害羞而微红的脸）来传达人物未曾说出口的情感，进而从侧面突出了华为P50手机的拍照优势，将产品的卖点融于感性的故事，展现了产品的温度，拉近了品牌与消费者的距离。

5.3 结尾的写作方法

对于文案写作而言，标题和开头能够吸引消费者完整阅读文案内容固然重要，但一个好的结尾也能为文案增色不少，能总结全文、突出主题或与开头相呼应。一个好的结尾要么能够充分展现文案意图，要么能够使消费者对文案或者产品留下深刻的印象，要么能够引导消费者关注产品、购买产品。电商文案创作者应该怎样撰写结尾内容呢？下面将介绍常用的文案结尾的写作方法。

5.3.1 自然结尾

自然结尾是指根据文案的描述自然而然地结尾，即文末不去设计含义深刻的哲理语句，不刻意引导或号召消费者行动起来，而是在内容表达完之后，写出想要对消费者说的话，自然而然地结束全文。自然结尾的文案能让消费者感受到文案所要表达的意图，让消费者自行做出判断。图5-24所示为一篇名为“新手选车配置”的微信文案，其在开头介绍了一些首次购车的消费者常纠结的配置，最后文案以一种自然的方式结尾，通过总结性的语言对文案进行说明并提醒消费者要按照实际需求购买。

> 经常有朋友问我：选车时在某个配置上纠结，怎么办？
>
> 今天就跟大家聊聊这个话题。一些常会纠结的配置，该如何取舍？
>
> 还有一些不常被注意的配置，其实值得关注。
>
> 强调：以下内容仅服务于初次购买家用车的入门级用户，全部从“家用”角度出发，高阶玩家请无视。
>
> 下面是首次购车用户常纠结的配置。
>
> 1. 导航
>
> 这可能是纠结最多的一个选项，答案很简单：没用，不要。
>
> ……
>
> 选车看配置不要贪多，有些东西可能你花钱买了，从车开到报废也用不上几次，因此心动之余应多问问自己是不是真的需要。当然，买车这种大宗消费品肯定多多少少伴随着感性冲动，只要尽量保持一个冷静的头脑。祝大家早日买到合适的车！

图5-24“新手选车配置”的微信文案

5.3.2 水落石出式结尾

水落石出式结尾是目前文案写作中较常见的一种方式。很多推荐产品的文案，为了吸引消费者关注，并避免明显的广告痕迹，就会在文案的前面部分描述基本与产品无关的内容，如热点事件、勾勒消费者的日常生活场景等，但在结尾时，却突然话锋一转，过渡到某个产品的推荐中，让消费者知道这篇文案实际是一则广告。这样的结尾就属于水落石出式结尾。在写作文案时，采用水落石出式结尾对企业而言是“情理之中”的，对消费者而言则是“意料之外”的，这类结尾由于其意想不到的结局，往往能给消费者留下较为深刻的印象。

例如，某口香糖的宣传文案，其正文介绍了某奥运选手在不被看好的情况下，没有放弃，仍然坚持训练，并怀着积极乐观的心态，始终保持微笑，为消费者呈现了一个具有独特风格、坚韧不拔的运动员形象，使消费者认为这是一篇介绍奥运人物、奥运精神的文案。但到了文案结尾处，却话锋一转，写到运动员就像某口香糖提倡的一样，时刻保持微笑，消费者才知道这是一则口香糖广告。由于前面的内容刻画出了一个生动的人物形象，所以这样的转折并不会让消费者排斥，反而会让消费者觉得有趣。

5.3.3 抒情议论式结尾

以抒情议论的方式结尾，即电商文案创作者通过“以情动人”的写作手法，激起消费者内心的情感波澜，并引起共鸣。这种结尾方式有强烈的艺术感染力，多用于故事类文案。例如，百度健康发布了一则有趣的视频文案（见图5-25），以反差感极强的形式，让一位母亲通过说唱的形式向孩子唠叨各种网络健康养生谣言，孩子不耐烦地让母亲自己去百度。无奈之下，母亲感叹说：“妈知道你懂得多，妈就是怕你照顾不好自己。”文案结尾告诉人们：“也许有要照顾的人，才拼了命地听信谣言，愿你做他的百度，耐心一点，再耐心一点。”该文案结尾抛出了一个观点：老年人之所以听信各种健康或养生谣言，是因为他们太关心自己的孩子。然后转向抒情，提醒年轻人面对父母此类唠叨时，要体谅父母的苦心，耐心为其解释，成功地传递了人文关怀，让品牌变得更有温度。

又如，芝华士在父亲节推出的一篇宣传文案，部分内容如下。

因为你的支票本在我的支持下总是很忙碌。

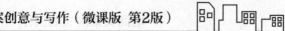

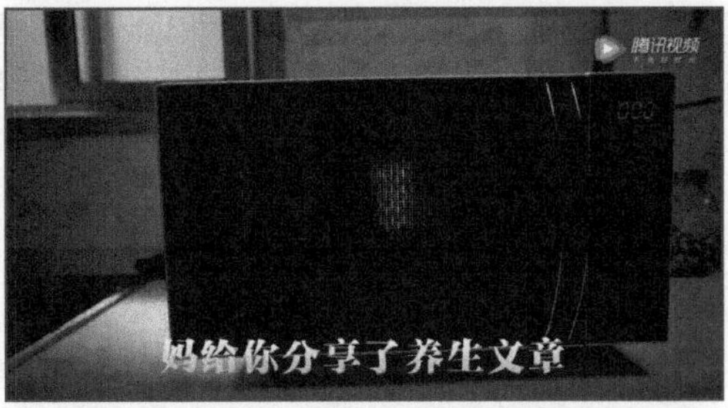

图5-25 百度健康视频文案

因为我们的房子里总是充满书和笑声。

因为你付出无数个星期六的早晨来看一个小男孩玩橄榄球。

因为你坐在桌前工作而我躺在床上睡觉的无数个夜晚。

……

因为今天是父亲节。

因为假如你不值得送Chivas Regal这样的礼物，还有谁值得？

这篇宣传文案的正文描述了主人翁与父亲的点点滴滴，然后采用抒情议论式的结尾，在父亲节写出“因为今天是父亲节。因为假如你不值得送Chivas Regal这样的礼物，还有谁值得？”的句子，不仅让人动容，拔高了品牌的高度，还勾起了消费者跃跃欲试的情绪。

5.3.4 请求号召式结尾

请求号召式结尾就是在文末向人们提出某些请求或发出某种号召，如“让我们共同抵制公共场所吸烟的行为吧！”“请大家不要在公共场所随地吐痰！”等，以加深读者的印象。请求号召式结尾旨在引导消费者做出某种行动，包括分享传播文案、购买商品、参与话题讨论留言等。这种结尾方式可以考虑通过情感、利益等打动消费者，如评论转发赠送好礼等，或从消费者感兴趣的话题入手，从而引导消费者产生行动。图5-26所示为小米手机微信公众号推广文案的结尾，其就分别号召消费者发送图片和点击小程序查看产品，前者旨在与消费者互动，拉近与消费者的距离，后者旨在为产品引流，提高产品销量。

图5-26　小米手机微信公众号推广文案的结尾

专家点拨

撰写请求号召式的结尾时，电商文案创作者可在结尾处告诉消费者该产品是热销品，同时提供销售数据，证明该产品目前有很多消费者选择购买，利用从众心理，使其产生购买冲动。另外，告诉消费者产品优惠时间或数量有限，如“原价 299 元，今天 99 元，仅此一天”“本课程早鸟价 99 元，满 200 人恢复原价 199 元”等促销原则来进行宣传也会有效果。

5.3.5　画龙点睛式结尾

画龙点睛式结尾也叫点题式结尾，是指在结尾时用一句或一段简短的话语来明确文案的观点，起到卒章显志、画龙点睛的作用。这种方式的结尾，需要前文层层铺垫，使消费者读到文末有恍然大悟的感受，既提升了整篇文案的质量，又能给消费者留下深刻的印象。例如，味千拉面在父亲节推出的一则视频文案，讲述了味千拉面馆的馆长与女儿之间的动人故事，在文案结尾引出“这一碗，让心里好满”的主题，把味千拉面“幸福味道”的品牌理念生动地展现在消费者面前；同时表达了“好吃的拉面一定会让人觉得幸福”的观念，契合了父亲节主打亲情的路线，成功吸引了众多消费者的关注，使味千拉面的品牌观念被消费者所熟知和认同。

5.3.6 首尾呼应式结尾

首尾呼应是指文案的结尾和标题或开头相互呼应，其能使文案的结构条理清晰。首尾呼应式结尾一般有两种用法，一种是直接重复标题或文案的开头，起到强调主题的作用，如阿里云的宣传文案“中国的数字化，应该去哪里寻找答案？”就采用了此种用法。文案的部分内容如下。

你可能觉得有点问题

我们的工位，永远有一半是空的

因为另一半的人，永远在别的地方

这是一群永远在路上的工程师

也许，正与你擦身而过

有人说，跑到这种地方写代码，脑子有问题吧？

没错，我们的脑子里，全是问题

今年水稻的产量，能不能提前半年知道？

卫星拍到的农作物长势，到底准不准？

AI种田能提高亩产值吗？

我们能更加理解这个地球吗？

我们可以捕捉两年之后的一场风暴吗？

我们能算准三小时之后的突发天气吗？

……

我们的问题真是太多了

问题从哪里来

解决问题的人就到哪儿去

我们相信，既然叫工程师

就应该呆在工地上

土路走得多，就不容易走弯路。

我们更愿意相信，技术的了不起

往往只是为了解决那些最现实的问题

我们的工位，有一半是空的，

我们的工位，到处都是

该文案开头从“我们的工位，永远有一半是空的”这个现象切入，引起消费者的好奇，让消费者带着问题继续阅读。而结尾“我们的工位，有一半是空的；我们的工位，到处都是”不仅呼应了开篇，强调了文案主题——阿里云的工程师往往深入一线解决实际问题，还升华了主题，告诉消费者，阿里云无处不在。

素养课堂

近年来，我国的数字化取得了不小的成就，各行各业都在积极利用大数据、云计算、人工智能等新技术提高生产管理效率，为社会经济发展做贡献。其中，阿里云在这方面做出了很大贡献。近年来，数千名阿里云的工程师走出办公室，深入各行各业，探索中国特色的数字化解决方案。阿里云坚信，中国数字化发展的答案不在云端，而在这片土地上，在一个个具体的问题里。由此可以看出，任何宏观的志向都需要脚踏实地去完成。

同步实训——为圆头皮鞋写作文案内文

微课视频

第5章 同步实训——为圆头皮鞋写作文案内文

【实训背景】

小明是一个很有创意和创新精神的人，他认为只要坚持不懈、勇敢创新就能为自己开辟更加广阔的发展空间。毕业后，小明开了一家男鞋网店，主要目标消费群体是一线、二线城市的年轻白领男性。现需要为网店新品圆头皮鞋写作一篇文案内文，为该产品做宣传。该产品的信息如下。

由知名设计师××设计，采用了经典U形鞋头设计，款式经典百搭，适合各种场合。鞋面采用精选牛皮（光泽度高，凸显档次）制作，鞋底采用高耐磨橡胶制作，有防滑底纹和荔枝纹鞋面设计，有加厚鞋跟设计（后帮低矮，并优化倾斜角度）。

【实训要求】

（1）为该产品提炼卖点。

（2）根据卖点，为该产品写作文案内文。

【实训步骤】

（1）提炼产品卖点。使用FAB法则提炼圆头皮鞋的卖点，具体如表5-1所示。

（2）确定写作思路。小明将文案内文分为开头、正文和结尾3部分，其中开头使用情景式开头，以具体的情景引起目标消费者的共鸣；正文以已提炼的卖点为基础，采用围绕卖点填充内容的写作方法进行写作；结尾采用请求号召式结尾，号召消费者点击链接前往购买。

表5-1 圆头皮鞋的卖点

序号	F	A	B
1	经典U形鞋头设计，知名设计师作品	时尚美观，能修饰脚形	便于穿搭，呈现个人穿着风格
2	鞋面采用精选牛皮制作	柔软、耐磨	彰显品质，体现个人品位
3	独特的荔枝纹鞋面设计	耐折	久穿如新，营造体面形象
4	鞋底采用高耐磨橡胶制作，并设计防滑底纹	轻便防滑、减轻行走的疲惫感	带来舒适的行走体验
5	加厚鞋跟设计，后帮低矮，优化倾斜度	隐形增高	使形象更加挺拔

（3）写作开头。小明在文案开头塑造了一个目标消费者熟悉的场景——职场面试，以第三人称的口吻讲述了朋友前往心仪公司面试，却因为皮鞋鞋面有一道醒目的划痕而给面试官留下不佳的印象，最终面试失败的故事，从而引出对圆头皮鞋的推荐。文案开头如图5-27所示。

前两天，我一朋友遇到一件事儿。心仪已久的××公司给他打来电话，说对他的简历很满意，邀请他去参加面试。这可把他给高兴坏了，认为自己十拿九稳了。没想到他在路上绊了一跤，才穿了两个月的皮鞋上“喜提”一道“致命伤口”！他当时就泄了气，自信心也大受影响。果然，面试官一眼就看出他脚上的“缺陷”，皱了皱眉，他知道自己一定给面试官留下了不职业、不注重细节的印象。后来，就没有后来了。他把这次经历告诉了我，我一边替他感到遗憾，一边向他推荐了我们店里新款的圆头皮鞋，保准能给他之后的面试加印象分。

图5-27 文案开头

（4）写作正文。正文采用围绕卖点填充内容的写作方法，依次介绍表5-1中的卖点以及能给消费者带来的利益，然后配上高质量的图片，以吸引消费者阅读。文案正文如图5-28所示。

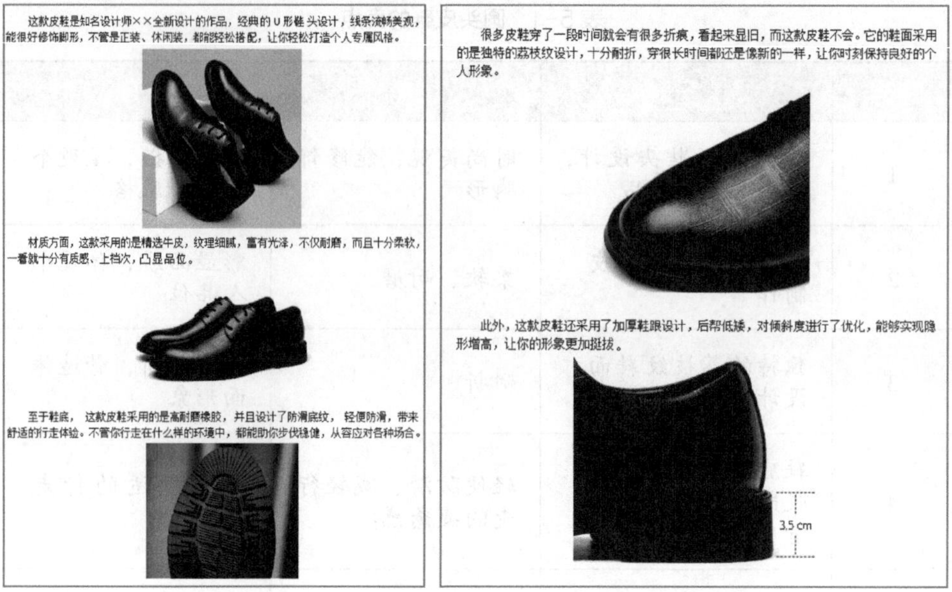

图5-28 文案正文

（5）写作结尾。为了促进圆头皮鞋的销售，小明决定在结尾号召消费者点击链接前往网店购买该产品，并结合一定的优惠信息，激发消费者的购买欲望。文案的结尾如图5-29所示。

> 怎么样，心动了吧？这样一款优质的皮鞋不仅质量好，而且能让你更有面子。现在购买享受上新8折优惠，只需299元就可到手，小店保证两天内发货，还提供顺丰包邮。心动不如行动，赶快点击下方的链接入店购买吧！

图5-29 文案的结尾

思考与练习

1．选择题

（1）【单选】（　　）是指在结尾时用一句或一段简短的话语来明确文案的观点，起到卒章显志、画龙点睛的作用。

A．画龙点睛式结尾　　B．首尾呼应式结尾

C．主题升华式结尾　　D．主题总结式结尾

（2）【多选】故事类文案的创作切入点包括（　　）。

A．把产品作为主角或叙述者创作故事

B．把品牌创始人作为主角或叙述者创作故事

C．把消费者作为主角或叙述者创作故事

D．把品牌员工作为主角或叙述者创作故事

（3）【单选】（　　）的文案通俗易懂，生动自然，趣味性强，容易让消费者接受，并产生强烈的代入感。

A．首尾呼应式　　B．情景对话式

C．层层递进煽情式　　D．幽默诙谐式

（4）【单选】以新闻报道的方式来撰写文案开头的作用是（　　）。

A．可以增加文案的可信度，进一步增强营销效果

B．能激起消费者的情感，提高文案的可读性

C．能给消费者提供想象的空间

D．能与标题相呼应

2．填空题

（1）撰写新闻报道式的文案开头要做到________、________、________。

（2）文案的悬念设置是从________到________后到________的策略构思过程。

（3）在文案中表达幽默的方式有________、________、________、________。

3．判断题

（1）文案“本公司在世界各地的维修人员闲得无聊”采用了调侃的语言制造幽默效果。（　　）

（2）故事类文案要有一定的加工，用艺术手法包装故事，增强故事的吸引力和感染力，即便有些不合常理也没关系。（　　）

4．操作题

下面为某款空气循环扇的信息，请为其写作一篇电商文案内文，要求使用热点开头，正文采用情景对话式的写作方法，并采用请求号召式结尾。

- 大倾角螺旋扇叶配合定向导流罩，送风集中，风距可达6米；
- 风力强劲，能使室内空气形成对流循环；
- 可配合空调、暖气等使用，达到快速制冷、制热、平衡温度的效果；
- 有睡眠风、自然风、正常风3个挡位风力选择；
- 优质电机可有效减少运行噪声（控制在35dB左右），功率为35W。

第6章 展示类电商文案的写作

案例导入

宋某是一家时尚休闲鞋网店的店长，网店自成立以来，业绩逐年增长，积累了不少忠实消费者。宋某在总结发展经验时，认为网店的文案发挥了重要作用。宋某对网店产品详情页文案的要求很高，要求产品详情页文案要尽可能地将产品的主要卖点都呈现出来，包括鞋子的材质、外观设计等，除了配上产品效果图、细节图等精美图片，还要添加消费者好评、售后政策等相关信息，让消费者充分了解产品。此外，每到元旦、国庆等节假日，宋某还会开展促销活动，并发布促销文案，利用“元旦3天‘放价’，全店5折起”等简洁直观的文案吸引了很多消费者进店购买。

由此可见，诸如产品详情页文案、促销文案等展示类电商文案对于商家而言是十分重要的，有吸引力的展示类电商文案能够吸引消费者关注，有助于提高产品的销量、增强的产品影响力。

学习目标

- 掌握产品标题的设置方法
- 掌握产品详情页的写作原则、方法和技巧
- 掌握海报、促销文案的写作方法

素养目标

- 积极学习优秀海报文案的写作方法，提升文案写作能力
- 共同营造一个良性竞争的网络环境，不恶意贬低竞争对手

6.1 产品详情页的写作

微课视频

6.1 产品详情页的写作

产品详情页是指在淘宝、京东等电商平台上，商家以文字、图片或视频等手段展示所销售产品信息的页面。消费者在电子商务平台上购物时，不能触摸到实际的产品，只能通过产品详情页来充分了解产品的各项信息，因此商家要尽可能地让产品详情页详尽而有吸引力，这对消费者决定是否购买商家的产品至关重要。

6.1.1 产品标题的设置

流量是衡量网店人气的重要标志，而网店的流量大部分来自消费者的搜索，所以产品标题与消费者搜索关键词的匹配度是影响流量的重要因素，一个好的产品标题不仅能被消费者搜索到，还能引起消费者的兴趣，给网店带来更多的流量。产品标题（也叫宝贝标题）是指产品详情页中的标题部分，一般出现在产品搜索结果页面（见图6-1）和产品详情页的顶部（见图6-2）。

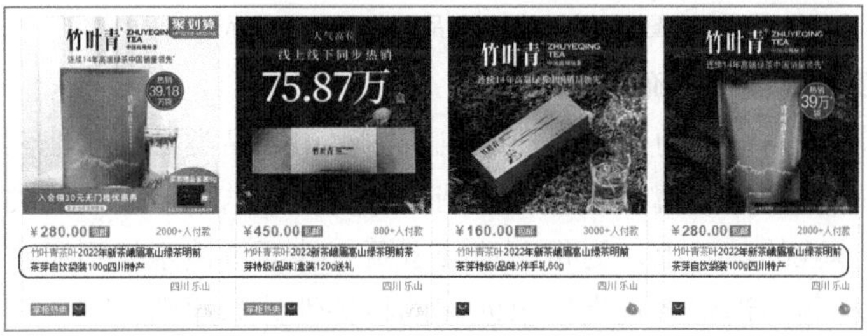

图6-1　产品搜索结果页面

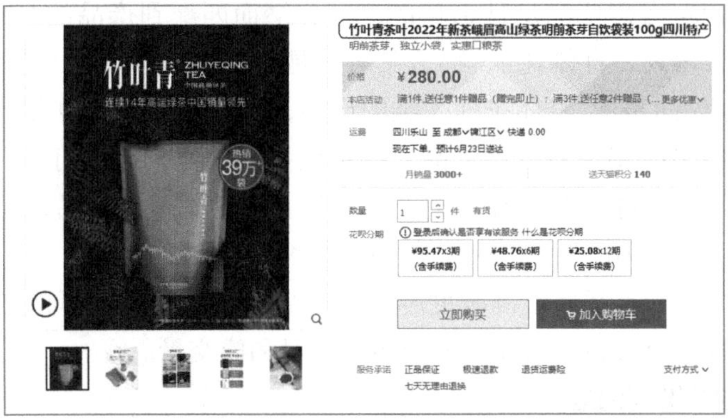

图6-2　产品详情页的顶部

1．标题应包含的产品属性

产品属性是产品自身固有的特性，主要包括产品规格、名称、材质、类别、重量和颜色等。通常而言，当标题中体现产品属性时，电商平台系统会认为标题比较正规，信息较丰富，因而会给予该产品更多的展现机会。因此，产品标题中应该体现产品属性。

不同类目产品的属性不同，在设置产品标题时要根据具体产品的特点选择适当的属性。例如，水果类产品的标题可以有的属性包括重量、产地、新鲜程度等，而服装类产品标题可以包含的属性有风格、材质、面料等，如图6-3所示。

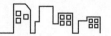

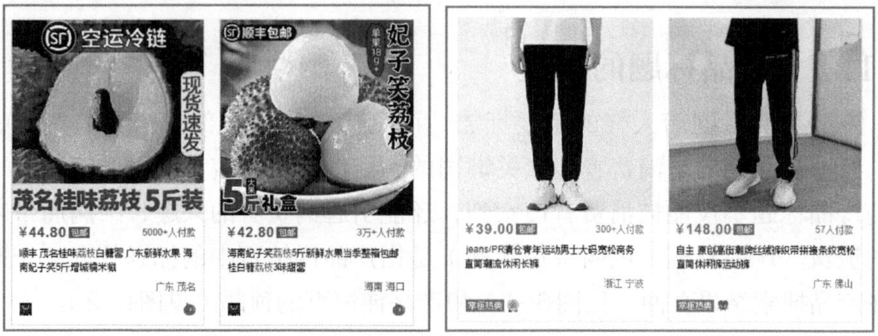

图6-3　水果类产品和服装类产品标题

2．确保产品类目准确

消费者在网站中购物，主要通过自主搜索和产品类目导航搜索来查找所需产品，因此产品的类目属性也影响着消费者的搜索结果。产品的类目属性是在保证消费者体验的基础上，为帮助消费者更好地通过搜索找到所需产品而设计的，即产品标题与消费者查询词语匹配的相关性计算原则，它与产品所在的详细类目信息息息相关。当消费者输入某个词语进行搜索时，网站就会根据这个词语来判断消费者想要的是什么样的产品，继而匹配到产品的某个类目信息。例如，消费者输入“身体乳”，那么其可能是想找“美容护肤/美体/精油”栏目下的“乳液/面霜”“身体护理”类的产品，如果产品在其他类目下，那么消费者的搜索结果中将不会有该产品。如果消费者搜索的是“灯罩”，那么他可能是想找“家装主材/配件专区/灯具配件”类目下的某个产品，而归属于“家居/家居饰品”类目的产品在默认排序中就将被降权显示。

因此，产品的类目属性准确度越高，产品的类目属性填写越完善，产品就越能够被消费者搜索到，从而增加网店的流量和成交量。

3．标题关键词的选择

合理设置标题关键词能够提高产品详情页的点击率，建议在产品上架的初期尽量避开竞争很大的关键词，多使用长尾关键词（指网站上的非类目关键词但与目标关键词相关的，也可以带来搜索流量的组合型关键词）和与产品属性吻合度高的关键词。如果网店经营的是野生蜂蜜，就可以使用“深山野生”“农家自产”“无公害无添加”等长尾关键词来描述产品的属性。

4．标题的规范性

设置吸引人的产品标题是提高产品详情页点击率的关键。电商文案创作者可参照以下规范设置标题：一是标题限定在30个汉字（60个字符）以内；二是标题要尽量简单直接，突出卖点。例子如下。

知识链接

产品标题应避免滥用关键词

2022年春装新款韩版套头长袖宽松打底衫爱心钉珠外套针织衫毛衣女

2022年新疆红枣特级若羌红枣阿克苏红枣，农家果园自产无污染

××同款铝框拉杆箱万向轮行李箱商务密码箱旅行箱登机20/24/28寸

银阳阳澄湖大闸蟹礼券，1398礼卡提货券，公4.0、母3.0螃蟹券10只礼盒装

专家点拨

产品标题的字数有限，因此很多商家都会尽可能地写满，但这会使标题冗长，断句不易，给消费者带来较差的阅读体验。为了改善这种情况，有些商家会使用“–（短横线）”“/（斜线）”“·（点号）”等符号来隔开关键词，这虽然会让标题阅读体验更好，但会被搜索引擎直接忽略。一般来说，在需要断句的地方加入空格即可。另外，产品的内部编号或其他独有符号也不适宜放进标题，因为消费者一般不懂这些，还会浪费标题的字符空间。

6.1.2 产品详情页的写作原则

产品详情页是通过视觉来传达产品特征的一种形式，消费者通过产品详情页可以看到产品的材质、品牌、价格和样式，以及产品的功能和特点等信息。优秀的产品详情页能够让消费者快速地找到他们需要的内容，并获得消费者的信任和好感。产品详情页的好坏对网店的成交率起着决定性的作用，所以在撰写产品详情页文案时，需要注意以下原则。

1．信息真实

产品详情页的产品信息描述必须符合实际情况，特别是产品的细节描述、材质和规格等基本信息，一定要真实可信，因为消费者会根据商家提供的产品信息来判断描述是否真实可靠。弄虚作假、与常理相悖的描述是糊弄不了消

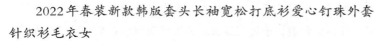

费者的，即使有消费者因为产品详情页的虚假信息而购买了产品，这也会对网店的口碑造成负面影响，所以为了提高销量采用弄虚作假的手段是非常不可取的。对产品的生产背景、产品加工过程等则可以进行适当的美化，让产品更加有内涵，但不能肆意夸大。

案例 1：以真实赢得消费者青睐——某农家香肠的产品详情页

刘某出生在四川宜宾的一个乡村，从小就吃家里做的香肠，长大后在外面再也没有吃到和家乡香肠相似的味道。为了将家乡的香肠销向全国，他便回到老家，学习老一辈制作香肠的土方法，开始尝试自己制作香肠。经过一段时间的摸索，刘某制作的香肠获得了身边村民的认可，于是他开始在淘宝上开店卖香肠。考虑到自己身在农村，产品也缺少华丽的包装，于是刘某决定将香肠定位为农家香肠，在香肠的产品详情页中，他使用了自己制作香肠时的实拍图片，并加入第一人称“我”对制作香肠过程的描述，如图6-4所示，旨在让消费者感到真实、亲切、接地气。这些没有添加过多修饰的产品详情页文案反而凸显出香肠的品质和特性，赢得了不少消费者的信任。刘某总结说，农家香肠的产品详情页文案不用写得多么上档次，而是贵在一个词——真实。

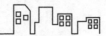

图6-4　某农家香肠的产品详情页

2．图文并茂

产品详情页中需要用文字来进行必要的解说，但吸引消费者的主要是图片。如果忽略图片而只采取大段的文字描述将会降低产品的吸引力，正确的做法是图文搭配，且要注意图片与文字的美化，为消费者提供良好的视觉感受。图6-5所示为服装尺码的描述，通过图文搭配为消费者提供了完善的产品信息。

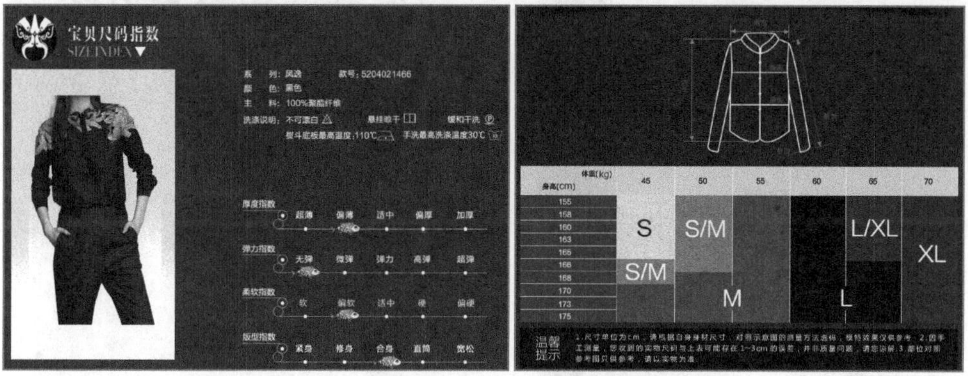

图6-5 服装尺码的描述

3. 详略得当

如果产品详情页是一些没有重点的信息，那么消费者就会直接退出产品详情页。好的产品详情页应该详略得当，要尽量详细描述产品的基本信息，产品卖点用语要简单明了，最好是将其分段列示，并搭配图片进行解说。对于消费者比较关心的售后、产品质量、产品功效和注意事项等内容，产品详情页要详细介绍，尽可能地让消费者放心。

知识链接

优秀产品详情页示例

总而言之，产品详情页的写作要遵守简单明了、详略得当和突出卖点的原则，充分满足消费者的需求。

6.1.3 产品详情页的主体内容构架

产品详情页中的内容众多，电商文案创作者只有在了解并熟悉产品详情页的框架后，才能更好地填充内容，并策划每一个板块的格局和需要展现的信息。通常来说，产品详情页文案由以下3个部分组成。

1. 图片

清晰直观的图片可以明确地展现产品的特点，其与文字一起构成产品详情页的内容。

（1）焦点图。焦点图应在产品详情页显眼的位置（一般为上方），通过图片的方式来推广网店中的产品，具有一定的视觉吸引力，容易引起消费者的关注。图6-6所示为某电饭煲产品详情页的焦点图，图6-7所示为某扫地机器人产品详情页的焦点图。

图6-6 某电饭煲产品详情页的焦点图

图6-7 某扫地机器人产品详情页的焦点图

（2）总体图和细节图。总体图是指能够展现产品全貌的图片，最好是能够完美展现产品信息的图片，如从正面、背面和侧面来展现产品的图片。图6-8所示为某款Polo衫的总体图。

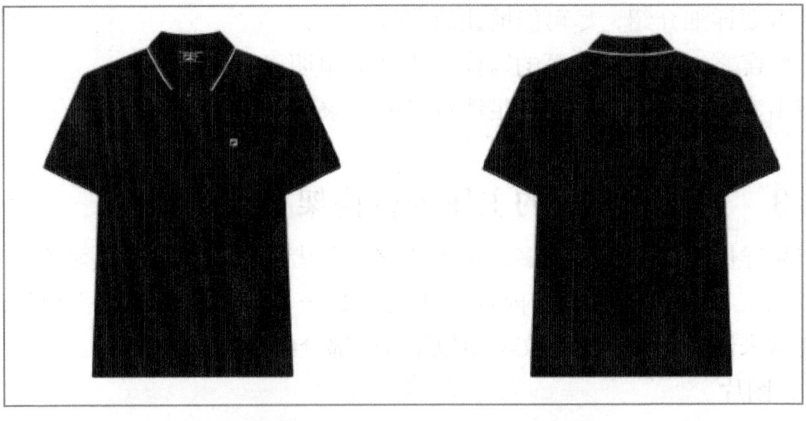

图6-8 某款Polo衫的总体图

细节图是指表现产品局部的图片，主要分为款式细节、做工细节、面料细节、辅料细节和内部细节等。

- **款式细节**：主要体现产品的设计要素，如领口、袖口、口袋等。
- **做工细节**：主要体现产品的走线、接缝、里料和内衬拷边（又叫“锁边”）等。
- **面料细节**：主要体现产品的材质、颜色、纹路和质感等。

- **辅料细节**：主要体现产品辅料的细节，如商标用料和点缀等。
- **内部细节**：主要体现产品的内部构造细节。

图6-9所示为某款Polo衫的细节图，主要包括衣领、纽扣、袖口、下摆等。

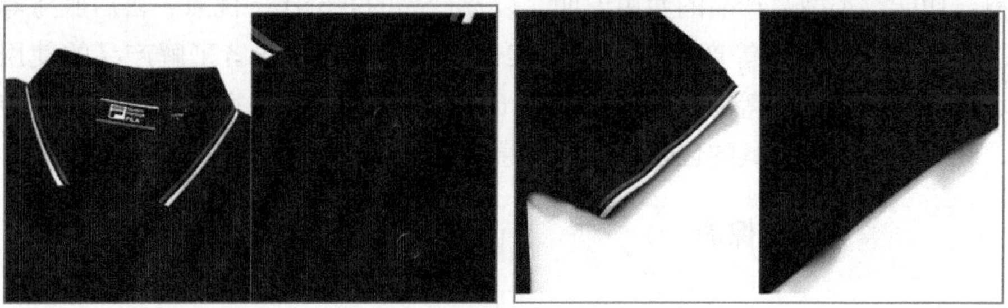

图6-9　某款Polo衫的细节图

专家点拨

细节图要求效果清晰，便于观看，最好能够使用高清摄像机近景拍摄，千万不能在总体图的基础上直接裁剪。

（3）场景图。场景图是指实拍图或在搭建的场景内拍摄的图片，能让产品以充满生活气息的方式呈现在消费者眼前，给消费者良好的视觉感受。特别是家具、服饰、鞋靴和箱包等生活类用品，最好能够提供场景图，图6-10所示为某茶几的场景图。

图6-10　某茶几的场景图

2. 产品信息

产品信息是产品详情页文案的核心。产品详情页文案需要通过文字、图片等元素，将产品的全貌、性能和特点等灵活且富有创造性地展现出来，并以此引起消费者的购买兴趣。一般而言，产品详情页文案的产品信息主要包括产品的材料、功能、类型及产品的使用说明，以及产品的性价比、优点、售后服务等信息。对于家电、家居等产品，电商文案创作者还要让消费者了解产品的使用寿命、保养技巧、物流等方面的信息。图6-11所示为某实木家具的包装、安装信息，其通过对实木家具的包装、安装信息的介绍来打消消费者的相关顾虑。

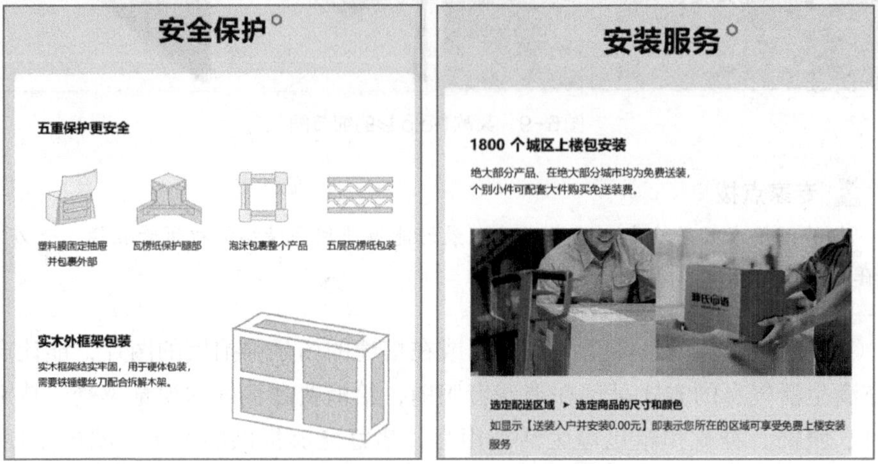

图6-11　某实木家具的包装、安装信息

3. 其他因素

除了图片和产品信息外，产品详情页文案还可以展现产品销量、第三方评价、实体店情况、权威机构认证和关联推荐等。

（1）产品销量。产品如果在前期销售势头强劲，在同类产品中名列前茅，甚至销量远超同类产品，则可以直接在产品详情页文案中展示出来，如“本产品已累计热销1 614 000台”等。

（2）第三方评价。第三方评价是指已购买某产品的消费者对其购物过程的评价。电商平台都提供消费者评价功能，商家也鼓励消费者将自己亲身经历的购物过程和对产品的使用感受发布到平台中，以供其他消费者参考与评估。图6-12所示为某行李箱产品详情页中展示的消费者评价。

（3）实体店情况。实体店情况是指商家实体店铺的规模、团队人员组成、技术分工和产品产地等方面的信息。一般而言，消费者对开设有实体店的商家抱有更高的信任度，因为能开设实体店意味着商家有一定的经营实力，其店铺有一定的经营规模。产品详情页文案可以展示商家的实体店情况，以作为其产品质量保障的依据。图6-13所示为某茶叶的产品详情页文案，该文案展示了其装修雅致的实体店，向消费者证明了该品牌的实力。

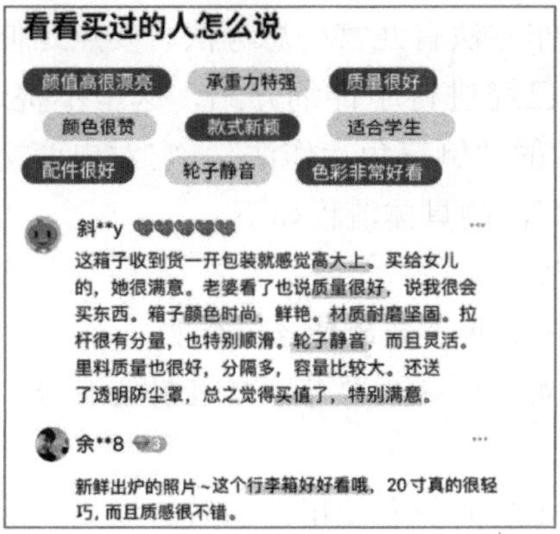

图6-12 某行李箱产品详情页中展示的消费者评价

图6-13 某茶叶的产品详情页文案

（4）权威机构认证。许多消费者都对具有公众影响力的人或机构有一种不自觉的信赖和支持。在产品详情页文案中添加权威机构对产品的认证信息，如图6-14所示，或者名人对产品的认可或赞美，有助于增加产品的权威性，取得消费者的信任。

（5）关联推荐。产品详情页文案中可以关联推荐一些同类产品或搭配套餐，以激发消费者的购买欲望，提高消费者的客单价（指每一位消费者在网店中平均购买产品的金额，它在一定程度上决定了网店销售额的高低）。图6-15所示为关联推荐，其所示的某羽绒服的产品详情页文案就展示了该产品的搭配方式，并向消费者推荐了关联产品，感兴趣的消费者就可以通过相关链接购买关联产品。

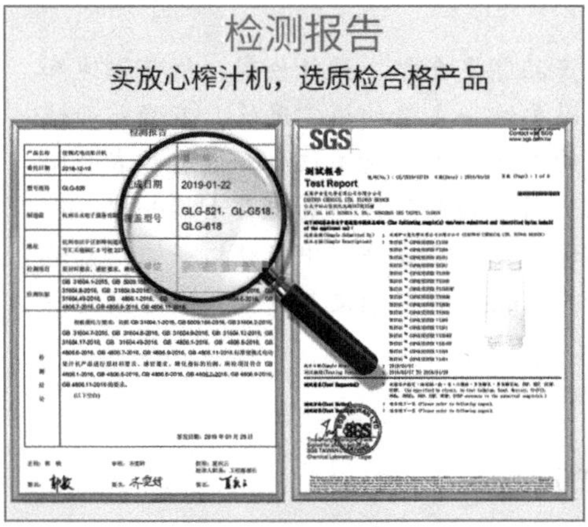

图6-14 机构认证

图6-15 关联推荐

6.1.4 产品详情页的写作方法

电商文案创作者要写出吸引消费者的产品详情页文案，就一定要注重细节的提高。一般来说，产品详情页文案的写作方法有九宫格思考法、要点延伸法和三段式写法3种，前两种方法在第3章已经进行了详细介绍，这里不赘述。三段式写法（见图6-16）模仿了新闻学中的“倒三角写作法”，它对电商文案创作者的文字功底有一定的要求。三段式写法的具体流程如下。

- **第一段**：主要使用精练的语句概括全文。
- **第二段**：主要通过要点延伸法逐一说明产品的特点和优势。
- **第三段**：通过强化产品的独特卖点、价格优势等手段吸引消费者，以达到让消费者购买的目的。

其中，第三段最为重要，在这一段中要把消费者使用产品后的场景、效果直接表达出来，让消费者产生购买意愿。

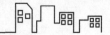

图6-16 三段式写法

专家点拨

产品详情页中的文字内容一般出现在产品亮点介绍、设计诠释、细节描述和功效介绍等位置。电商文案创作者在描述时要统一文案的语言风格，不能前面使用轻快幽默的语言，后面又使用严肃沉闷的表述方式，这不仅会降低消费者的阅读兴趣，还会让消费者觉得莫名其妙。很多网店的产品详情页文案千篇一律，没有自己的特色和亮点，因此，如果在产品详情页的文案写作中能独树一帜，创造独特的语言描述风格，不仅能吸引消费者关注，还能引领文案潮流，成为网店中的佼佼者。

6.1.5 产品详情页的写作技巧

产品详情页的构建方式和表达方式多种多样，要想写出有吸引力的产品详情页文案，不仅需要确定页面布局和写作方向，进行细节的描述和优化，还要掌握一定的技巧。

1. 紧贴网店定位

产品详情页文案一定要与网店的定位相符，紧贴网店定位，突出产品的特色。例如，某装饰画网店定位为简约北欧风，其产品详情页文案就通过清新雅致、简约大方的家具图片和带有文艺气息的文字来营造宁静自在的氛围，与简约北欧风十分契合，并吸引了很多喜好这种风格的消费者，如图6-17所示。

我有一个秘密花园 里面装着你与我的记忆
在茵茵绿草间寻觅

图6-17　紧贴网店定位的产品详情页文案

2. 体现产品价值

产品价值分为产品的使用价值和附加价值两种，写作产品详情页文案时，既要体现产品的使用价值，又要体现其附加价值。

- **使用价值**。它是产品的自然属性，任何物品要想成为产品都必须具有可供人类使用的价值，如粮食的使用价值是充饥，衣服的使用价值是御寒等。图6-18所示的浴室清洁剂的产品详情页文案就很好地展现了其使用价值。
- **附加价值**。产品详情页文案只体现产品的使用价值是不够的，电商文案创作者还应挖掘产品的附加价值，满足消费者的感性需求，给产品赋予更加丰富的内涵。例如，一款近视眼镜，它的使用价值是为消费者解决近视问题，如果要挖掘该近视眼镜的附加价值，可以从外观修饰方面来进行描述，如职业经理人戴上它显得更加干练，年轻人戴上它显得沉稳等。

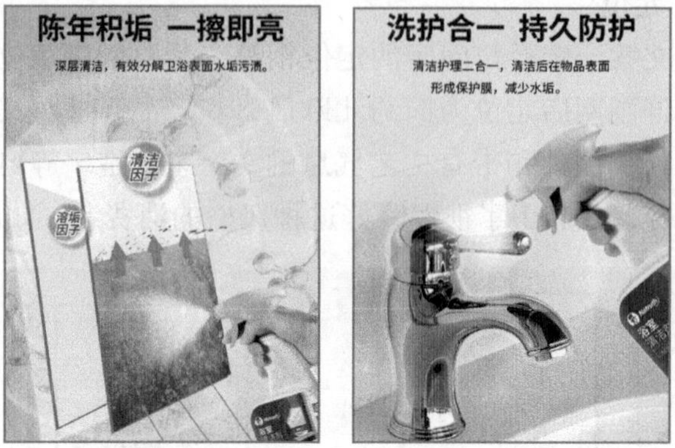

图6-18 展示使用价值的产品详情页文案

3．抓住消费者的痛点

痛点常常与消费者对产品或服务的期望没有被满足而造成的心理落差或不满密切相关，这种心理落差或不满最终会使消费者产生痛苦、烦恼等负面情绪。电商文案创作者在挖掘消费者的痛点时，可以站在消费者的角度，思考为什么必须买这款产品，找到他们购买这款产品时所关心的问题，如户外运动爱好者购买运动鞋的要求是舒适、防水和耐磨，上班族购买饭盒的要求是便携、容量大等。如果在写作产品详情页文案时能抓住消费者的痛点，就能得到消费者的认同，也能激发消费者的购买欲望。图6-19所示为某款洗衣液的产品详情页文案，其首先描述了很多消费者洗衣服时的痛点：阳光及通风不足使衣服滋生细菌、产生异味。然后通过“阴雨天晾晒也清新”的文案描述，打动有以上痛点的消费者。

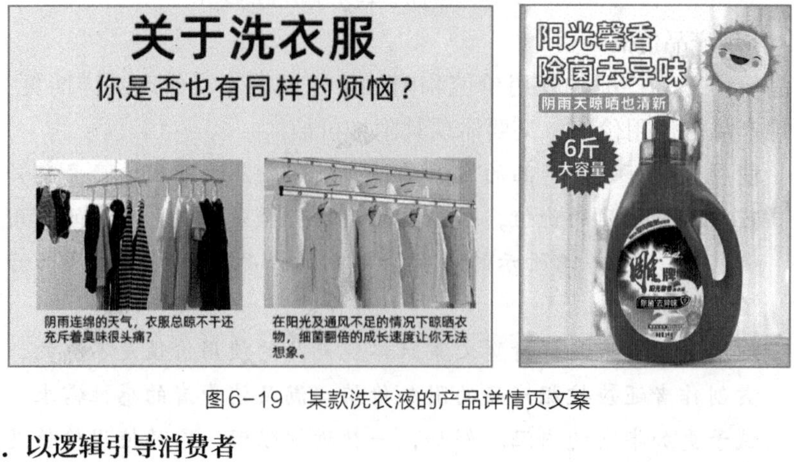

图6-19 某款洗衣液的产品详情页文案

4．以逻辑引导消费者

优秀的产品详情页文案都具有逻辑性，主要围绕产品的主题展开描述，对卖点进行细分，从不同的角度切入。根据众多商家的实践，产品详情页文案可按照以下顺序进行写作。

- 品牌介绍（也可换到最后）。
- 焦点图（引起浏览者的阅读兴趣）。
- 目标消费者设计，即卖给谁。
- 场景图，用以激发消费者的潜在需求。
- 产品详细介绍，以赢得消费者的信任。
- 购买本产品的原因，即购买本产品的好处。
- 不购买本产品的原因。
- 同类型产品对比，包括价格、材质和价值等方面。
- 消费者评价或第三方评价，增强消费者的信任度。
- 产品的附加价值体现，最好通过图文搭配的形式来进行设计。
- 拥有本产品后的效果塑造，替消费者寻找购买的理由，如自己使用、送父母、送恋人或送朋友等。
- 发出购买号召，为消费者做决定，即立即在本店购买的原因。
- 购物须知，包括邮费、发货和退换货等。

以上产品详情页文案写作顺序仅作为参考，不同的行业、产品要根据具体情况而定。在写作前可以收集一些同行业销售量排名靠前的产品详情页文案，分析其构成元素和写作方法，在此基础上创造出网店专属的文案风格。

5．其他写作技巧

通常产品详情页的内容较多，单一的描述方法往往容易让消费者产生审美疲劳，通过以下3种方法可以有效地解决这个问题。

（1）背景的运用。不同颜色的背景给消费者带来不同的心理感受，电商文案创作者要了解各种颜色对应的情感，根据网店、产品和促销活动的特点来确定选择哪一种颜色的背景。需要注意的是，不要使用太多的颜色来进行搭配，要保证背景看起来协调且符合大众审美。产品背景一般有以下3种搭配方法。

- **物品点缀**。通过其他的物品来突出所售的产品，可以是一朵花、一支笔或一把椅子，重点是能突出所售产品，不能喧宾夺主。图6-20所示为一套餐具的产品图，它使用了眼镜、食物等来进行点缀，使产品图更加美观，达到吸引消费者关注的目的。
- **纯色背景**。纯色的背景可以使画面风格统一，突出产品本身。对于颜色较为丰富或靓丽的产品，建议选用纯色背景，如图6-21所示。
- **参照物**。对于一些需要明确尺寸的产品，可通过参照物来进行对比，突出所售产品的尺寸。图6-22所示为书包以平板电脑为参照物进行对比的效果。

图6-20 物品点缀

图6-21 纯色背景

图6-22 参照物

（2）搭配与组合。通过与其他产品的搭配组合，不仅可以让产品图更加美观，还能在无形中推销其他的产品，为网店带来更高的转化率。图6-23所示为所售产品与其他产品搭配的效果。

图6-23 所售产品与其他产品搭配的效果

（3）对比。产品质量、材质和服务等都可以作为对比的对象，电商文案创作者应该从消费者的角度出发，对可能引起消费者关注的问题进行对比分析，从侧面突出所售产品的特色和亮点。例如，农产品可从品质、生长环境、储存和肉质等方面进行比较，如图6-24所示；服装类的产品可从做工、面料、厚薄、质地等方面来进行对比，如图6-25所示。

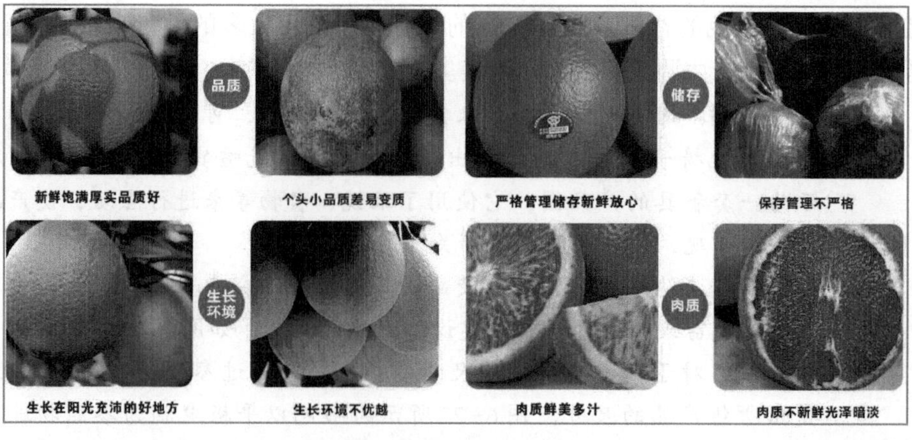

图6-24 农产品的对比

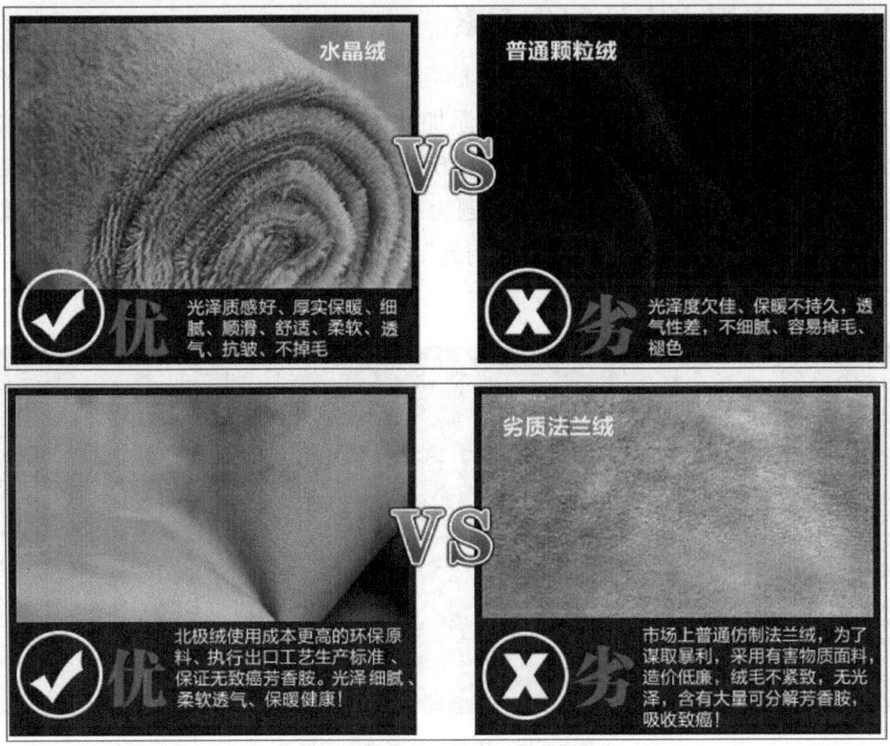

图6-25　服装类产品的对比

素养课堂

电商文案创作者在写作对比类文案时要有“大气”的心态，突出自身产品的优势即可，不能抱着“就是要把竞争对手比下去”的态度，直接指名道姓地与竞争对手进行对比，或者夸大竞争产品的缺点，否则容易引起争端。市场竞争应该是良性的，竞争对手之间比的是产品和服务，而且可以相互学习、进步，甚至实现共赢。

6.2 海报文案的写作

就电商行业而言，海报是指宣传产品或商业服务的广告性海报，其文案设计要符合产品的格调和目标消费群体的需求，并根据商业的诉求为商家的商业目标服务。海报文案就是指海报中的文字，它是海报的主题，用来展示海报的设计意义，海报中的图像起着辅助表达的作用。

6.2.1 海报文案的写作要素

海报文案的写作要素主要包括主标题、副标题、描述信息（如产品细节描述、产品促销信息）。有的海报还会添加装饰文案，一般为英文字符，并没有重要的实际意义，只用于美化海报。图6-26所示为一张典型的用于产品宣传的海报，主标题为“务实主义”，副标题为“V6沉稳的黑色宣示着一贯的务实精神”，描述内容中“指纹”“密码”“钥匙”“触屏”是产品的卖点，“2198元/原价3180元”是产品的促销信息。

图6-26　用于产品宣传的海报

专家点拨

海报文案不要求一定要包括主标题、副标题、描述信息，有的海报文案只有标题，有的海报则没有标题，只有描述信息。

6.2.2 海报文案的排版设计

海报文案的排版设计是视觉传达的表现方式之一，通过版面的构成在第一时间吸引消费者的目光，要求电商文案创作者能够将图片、文字、色彩等要素完美结合，以恰当的形式向消费者展示产品的宣传信息。通常电商文案创作者在对海报文案进行排版时，可通过文字的对齐、对比及分组来进行设计。

1. 对齐

对齐是海报文案中的基础排版设计，主要包括左右对齐和居中对齐。

（1）左右对齐。如果产品出现的位置在海报的右侧或左侧，那么文案可以靠左对齐，或者靠右对齐，将所有的文案自然而然地串联到一起，同时使产品与文案形成空间互补关系，给人以稳重、统一、工整的感觉。

- **左对齐**。当产品居于海报的右侧时，可采用左对齐的方式给海报文案排版。这种对齐方式符合消费者从左往右看的浏览习惯，可以突出文案内容。当前常见的海报文案基本都采用左对齐方式。图6-27所示为左对齐的海报文案示例。

- **右对齐。**当产品居于海报左侧时，可采用右对齐的方式给海报文案排版。采用这种对齐方式可以突出产品图片。图6-28所示为右对齐的海报文案示例。

（2）居中对齐。当产品在海报上居中摆放时，文案可以居中放置，这种排版方式会给人以正式、大气、稳重的感觉，如图6-29所示。在海报文案中，居中排版的文案经常直接叠放在产品上面，营造出文案与产品一前一后的层次感，再添加一些光效，还能提升画面的空间感。

图6-27　左对齐的海报文案示例

图6-28　右对齐的海报文案示例

图6-29　居中对齐的海报文案示例

2. 对比

消费者通常都不喜欢看平淡无奇、千篇一律的东西，有对比的画面才能吸引他们的注意。在海报文案中，使用对比的排版技巧，可以有效地增强画面的视觉效果。对比的方式和内容很多，海报文案中较常见的对比方式就是字体大小和粗细的对比，以及文字的疏密对比。

（1）字体大小和粗细的对比。海报中字体大小和粗细的对比，就是将海报文案中重要的内容放大加粗，与其他内容形成鲜明的对比。几乎所有的海报文案都会将主标题放大加粗，因为海报文案中最重要的部分就是主标题，它是海报文案的焦点，一般是产品的标语、核心卖点等内容，起到瞬间吸引消费者关注的作用。对于其他需要强调的产品内容，同样可以通过调整字体的大小和粗细来突出显示，如产品的特点描述、产品的促销价格等。另外，有时候为了让对比更加明显，还可以降低小字部分的透明度，产生明暗对比。

总而言之，海报中字体大小和粗细对比的运用既可以突出显示海报文案的主要内容、美化海报，又可以使海报文案的内容层次分明，便于消费者阅读，使消费者更容易理解海报文案内容所要表达的意图。图6-30所示为运用字体大小和粗细对比的海报文案示例。

图6-30　运用字体大小和粗细对比的海报文案示例

（2）文字的疏密对比。文字的疏密对比即海报中的文字有疏有密，形成有张有弛的视觉效果，在使用文字的疏密对比方式时，需要注意字符的间距，字符的间距过大容易给消费者一种松垮的感觉。图6-31所示为运用文字疏密对比的海报文案示例。

图6-31　运用文字疏密对比的海报文案示例

3．分组

如果一张海报上包含的文案信息太多，不加以整理的话就会显得杂乱无章、毫无秩序，这时可以考虑将文案分组，将信息相同的内容放到一起。这样不仅可以使整个页面富有条理性，还会让海报更加美观，有利于消费者阅读。图6-32所示为运用分组排版的海报文案示例。

图6-32　运用分组排版的海报文案示例

素养课堂

在移动互联网时代，各大品牌为了吸引消费者关注，都会频繁推出各种海报文案，在五一节、国庆节、高考等特殊日子，都会有大量优秀的海报文案发布。电商文案创作者要学习这些海报文案的写作技巧，提升文案写作能力，同时还要积极关注消费者对这些海报文案的反应，提升自己的营销素养。

6.2.3　海报文案的写作技巧

海报文案的内容设计在很大程度上影响产品的营销效果，这就需要海报文案对消费者有足够的吸引力。电商文案创作者在撰写海报文案时无论采取哪种诉求方式、使用哪种文案写作切入点，都必须用精简的文字内容准确地表达产品的特色、卖点，让消费者通过简短的海报文案知道产品的价值，将消费者能得到的利益表达清楚，使消费者可以快速判断海报文案是否对自己有用，并决定是否关注其中展示的产品。下面对海报文案的常用写作技巧进行讲解。

1．利益诉求

利益诉求是一种常用的海报文案写作技巧，是将所售产品的利益诉求直接明了地展示出来，细致刻画并着力渲染产品的质感、形态和功能用途，呈现产品精美的质地，给消费者以逼真的现实感，使其对海报文案所宣传的产品产生一种亲切感和信任感。这种手法直接将产品展现给消费者，所以画面上产品的组合和展示角度，应突出所售产品的品牌和产品本身最容易打动人心的部分，运用光影、颜色和背景进行烘托，将所售产品置于具有感染力的情境下，增强海报文案画面的视觉冲击力。图6-33所示的某款饮品的海报文案就通过“更省心的植物蛋白饮”告诉消费者可以放心喝这款饮品，体现了该饮品“不用担心卡路里超标”的利益诉求。

2．合理夸张

电商文案创作者对电商文案中所宣传的产品品质或特性，在某个方面进行合理的夸张，可以加深消费者对产品特征的认识。这种手法能更加鲜明地强调产品的特征，揭示产品的使用价值。图6-34所示为瑞幸推广新饮品的海报文案，“一口吞云”“这一杯在大气层”的说法夸张地表现了饮用该饮品的感觉，突出了该饮品口感轻盈绵密的特点，十分生动形象。

图6-33　利益诉求

图6-34　合理夸张

3．对比衬托

对比是突出产品特点的常用表现手法，其不是指文案字体大小和粗细的对比，而是指海报文案中所描绘产品的性质和特点与参照物之间的对比。借助对比呈现差别，可以直观地向消费者传递产品信息。对比衬托的手法能提示或强调产品的性质和特点，使消费者对产品留下深刻的印象。图6-35所示的海报文案通过“像一本杂志一样轻薄便携”的物品对比描述，体现了笔记本电脑超薄的特点。

4．幽默诙谐

使用幽默诙谐的语言，引出需要宣传的产品或品牌，从而巧妙地展示产品的特点，赋予产品鲜明的个性，有利于消费者在轻松愉悦的氛围中主动阅读和接收产品的关键信息。图6-36所示为某品牌发布的“郑重声明”系列海报文案，通过文案标题“郑重声明”与声明内容之间的反差制造了强烈的幽默效果，拉近了品牌与消费者的距离，引发了消费者的广泛讨论。

图6-35　对比衬托

图6-36　幽默诙谐

5．以情托物

海报是图像与文字的完美结合，消费者观看海报的过程，就是与海报不断交流并产生共鸣的过程。海报文案借用情感来烘托、渲染产品的特点，从侧面反映产品的价值，能够有效地发挥文案的艺术感染力，调动起消费者积极的情感体验，达到吸引消费者关注的目的。

案例 2：将情感浓缩于产品——天猫国际系列海报文案

2022年“6·18”期间，天猫国际发布了系列海报文案“全球新品为中国”，如图6-37所示。该系列文案充分使用了以情托物的手法，将人与人之间的情感浓缩于产品中，以小见大，令人回味悠长。例如，文案“爱女出嫁之日，王阿姨特意挑选了红色的吹风机，女儿的头等大事，当妈的自然更放在心上。”，通过特意挑选红色吹风机这一细节来体现母亲对女儿的爱；文案“家庭团聚，王姨包饺子，她用破壁机打出的每一种馅，都是孩子们的心心念念。”，将孩子对母亲的挂念浓缩在破壁机里；文案“缝纫机前，吴奶奶正在穿线，孙女送的护眼仪她常放在身边，她总说眼睛是要用一辈子的。”，将孙女对奶奶的关心浓缩在护眼仪里，而奶奶随身携带护眼仪的举动也体现了奶奶对孙女的思念。

这种手法让普通的产品变成了人们情感的载体，比单独宣传产品的功能、卖点更容易打动消费者，促使消费者对产品产生好感。

图6-37　天猫国际系列发布的海报文案

6．引用权威信息

在海报文案中引用权威信息是体现产品特点和产品价值的有效方法，能增强自身的说服力。图6-38所示为引用权威信息的海报文案，其中“中国与欧盟有机双认证”体现海报文案引用了权威机构的认证，以赢得消费者的信任。

图6-38 引用权威信息的海报文案

专家点拨

对于产品的宣传海报来说，有了好的文案内容后还需要搭配好的产品效果图。文案可以说明产品的特点和细节，产品效果图则可以帮助消费者缩短了解产品的时间，因此，电商文案创作者在撰写完文案后还需要处理好文案的配图。

6.3 促销文案的写作

促销文案是为了促进产品的销售，基于降价、打折、满减、赠送等营销手段创作的文案，以在特定时间内提高产品销量。促销的途径多种多样，因此促销文案的种类也非常丰富，包括价格折扣促销文案、奖品促销文案、会员促销文案、节日促销文案等。

6.3.1 价格折扣促销文案

价格折扣是电商行业常用的一种促销方式，常见的价格折扣促销文案有降价打折促销文案、错觉折扣促销文案、临界价格促销文案等。

1．降价打折促销文案

无论销售哪类产品，降价和打折都是促销的基本方式。通常而言，降价打折促销文案需要以简洁直观的语言搭配具体的数字叙述清楚降价的幅度（如立减20元）、打折的力度（如买两件打8折）、促销价格（如69元）等，一方面避免产生歧义，另一方面激发消费者的购买欲望。图6-39所示为典型的降价打折促销文案。

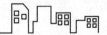

图6-39 降价打折促销文案

2．错觉折扣促销文案

错觉折扣促销文案与直接陈述折扣力度的降价打折促销文案不同，它可以让消费者在享受折扣的同时，在心里认为自己购买的不是折扣产品而是原价产品。例如，错觉折扣促销文案“满199元减100元”（见图6-40）能让消费者感觉自己花99元买到了199元的产品，而降价打折促销文案“原价199元，现价99元”则会让消费者感觉自己买到的是折扣产品。同样的优惠力度，却会给消费者带来不同的心理感受，因此，电商文案创作者可以多利用错觉折扣促销文案来刺激消费者的购买欲望。常见的错觉折扣促销文案还包括“花120元买150元的产品”“花一件的钱买两件”等。

图6-40　错觉折扣促销文案

3．临界价格促销文案

临界价格促销文案就是通过将产品的价格限定在某个能让消费者产生最大满意度的范围来促成交易的文案。同样的优惠幅度，使用临界价格促销文案来进行表述，能让消费者产生特殊的心理感受，有助于引导消费者的购买行为。临界价格促销文案有最低价临界促销文案和最高价临界促销文案两种。

- **最低价临界促销文案。**最低价临界促销文案的特点是为一系列产品设置了最低价格（通常这个价格较低），如"春装上新单价低至69元""新品低至6折起"等，让消费者感觉这一系列产品都很优惠，从而以连带销售的方式让消费者产生购买行为。
- **最高价临界促销文案。**与最低价临界促销文案相反，最高价临界促销文案设定了一系列产品的最高价格（通常这个价格不会太高），如"全场88元封顶""产品特价区价格不高于168元"等。这种文案能让消费者对价格有一定的心理预期，认为这个系列的产品价格自己都能够承担，因而扩大选购范围，有助于提高消费者的客单价。

6.3.2　奖品促销文案

奖品促销也是电商行业常用的促销方式，通常以向消费者赠送奖品的方式给予消费者优惠。奖品促销文案利用奖品对消费者形成的吸引力，促使消费者产生特定的行为，如继续浏览、购买等。目前常见的奖品促销文案有以下3种。

1．进店有礼促销文案

进店有礼是一种增加网店流量的促销活动，如"进店领券"，凡是进店者均可领取不同金额的代金券。进店有礼促销文案应该以简洁的文字和相应的礼品图案让消费者一眼就看出进店送的礼品是什么，图6-41所示为进店有礼促销文案。

图6-41 进店有礼促销文案

2．定额赠送促销文案

定额赠送也是常见的促销方式，如“买一送一”“买一箱送一箱”等。定额赠送促销文案同样要求简洁明了，此外还应该表述清楚赠品是什么。比如，某网店规定买一瓶500ml洗发水送发套，如果洗发水的定额赠送促销文案仅注明“买一赠一”，就会让消费者误以为赠品也是500ml洗发水。图6-42所示为定额赠送促销文案。

图6-42 定额赠送促销文案

3．积分兑奖促销文案

积分兑奖是指消费者通过购物等方式积累的积分可以兑换一定的礼品（包括实体的和虚拟的），如热销产品、抽奖机会、包邮资格等。积分兑奖促销文案的作用是让消费者愿意在网店积累积分，因此电商文案创作者在写作积分兑奖促销文案时要充分强调积分的作用很大。图6-43所示的积分兑奖促销文案就通过“小积分，抽大奖”传达了积分的积累过程不难，而成果却很丰富的信息。

图6-43 积分兑奖促销文案

6.3.3 会员促销文案

会员促销是现在企业客户关系管理中常用的一种方式，旨在通过提供差别化的服务和精准的营销来提高客户忠诚度和满意度，让客户为企业创造更多价值，从而提升销售业绩。会员促销文案是为会员促销服务的，主要作用是吸引消费者成为会员、促使会员消费等。除了要满足简洁直观、主题鲜明等促销文案基本要求外，电商文案创作者在写作会员促销文案时有两种思路。

1. 凸显会员特殊身份

通常，商家会为会员提供专属的福利，如新品试用权限、专属优惠券、专属客服等。电商文案创作者不仅要在会员促销文案中详细地罗列这些福利，还要通过特定的文字表述让这些福利看上去独特、高端，如“尊享品牌特供权益”“尽享会员超值购”“专享折上9折”等，同时可以搭配精心设计的图片。图6-44所示为某品牌的会员促销文案，该文案设计得像一张精致的卡片，并使用了“「特」享会员礼遇”等文字，充分突显了会员的独特。

图6-44 某品牌的会员促销文案

2．拉近与会员的距离

拉近与会员的距离，可以增加会员对品牌的好感，进而提升会员对品牌的忠诚度。因此，会员促销文案可以使用亲切的语气来营造平等对话的感觉（如使用第二人称“你”称呼会员），或者为会员群体取昵称（如小米的米粉、华为的花粉等）。图6-45所示为屈臣氏的会员促销文案，文案“就要宠你”能够让会员感受到品牌对自己的关怀，从而对品牌产生亲切感。

图6-45　屈臣氏的会员促销文案

6.3.4　节日促销文案

电商行业中的节日促销竞争激烈，要想在激烈的节日促销活动中脱颖而出，节日促销文案一定要具备吸引力。一般而言，节日促销文案有以下3种写作思路。

- **直接表明优惠。**价格优惠始终是消费者十分关心的信息，电商文案创作者在撰写节日促销文案时，可直接突出优惠的力度，并结合节日特点用节日素材来衬托文案。例如，在文案中用放大加粗字体显示“买××送××”“全场××折起”“最高直降××元”等，如图6-46所示。

图6-46　直接表明优惠的节日促销文案

- **请求号召。**请求号召是文案写作的常用手法。在节日促销文案的写作中，在表明价格优惠的同时制造时间的紧迫感，告诉消费者需要赶紧行动起来，如“国庆机票今天9:00免费抢”“元旦疯抢24小时”“前100件直降1000元”等，可以调动消费者的行动意识。这类节日促销文案的写作技巧就是要突出一种不容犹豫、干脆利落的力量感，可通过“立即行动”“一触即发”等字眼，刺激消费者产生购买行为，如图6-47所示。

图6-47 采用请求号召方法的节日促销文案

- **情感诉求**。打“感情牌”是节日促销文案写作中常用的招数。节日促销文案在表明价格优惠的同时结合情感诉求的方式，更能打动消费者，刺激消费者产生购买行为，如图6-48所示。

图6-48 结合情感诉求的节日促销文案

同步实训

微课视频

第6章 同步实训1——写作智能插座产品详情页文案

实训1 写作智能插座产品详情页文案

【实训背景】

随着我国综合国力的提升，人工智能等技术发展迅速并有了实际的应用，为人们的生活带来了很多便利。智能插座就是人工智能等新技术应用的典型代表。现有一款智能插座，如图6-49所示，其详细信息如下。

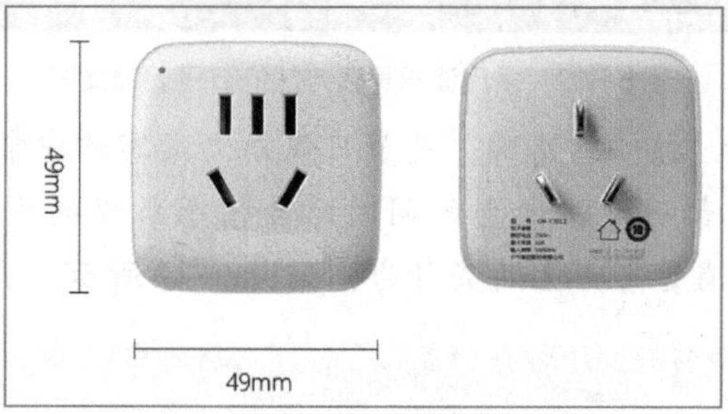

图6-49 智能插座

- 可与小爱同学等关联，实现语音控制开关。
- 可通过手机上的米家App远程控制插座。
- 支持自定义定时开关功能，实现根据个人需求定时开关家电（10A家电）。
- 内置记忆芯片，支持断电记忆，断电后不需要重新设置。
- 外壳采用PC阻燃材料，耐750℃高温；接地保护，并设计了儿童安全门，提供防触电保护。
- 具有3C安全认证和国家权威检测报告。
- 体型小巧，不占空间，设计精致。

【实训要求】

（1）使用九宫格思考法为该产品提炼卖点，并筛选出核心卖点。

（2）为该产品设置标题。

（3）使用三段式写法为该产品写作产品详情页文案。

【实训步骤】

（1）使用九宫格思考法为产品提炼的卖点如图6-50所示，从中筛选出4个核心卖点：语音控制、手机远程控制、定时开关、安全防护。

语音控制	设计精致	小巧
手机远程控制	智能插座	产品认证
定时开关	断电记忆	安全防护

图6-50　提炼产品卖点

（2）设置产品标题。为了让产品能被更多的消费者搜索到，电商文案的创作者需要先提炼关键词。根据产品的基本属性，可知“智能插座”“米家App小爱同学语音控制”“定时开关”等词都是标题中可使用的关键词，然后对其进行优化组合。设置好的产品标题为“米家App小爱同学语音远程控制家电智能插座定时开关”。

（3）写作产品详情页文案第一段。使用一句话概括性地介绍产品，考虑到产品支持语音控制和手机远程控制的特点能让消费者智能掌控家电，实现智能生活，因此开头的文案可以设置为“高效用电，开启智能生活。手机远程遥控，家电轻松掌握”，然后搭配精致的产品图片，如图6-51所示。

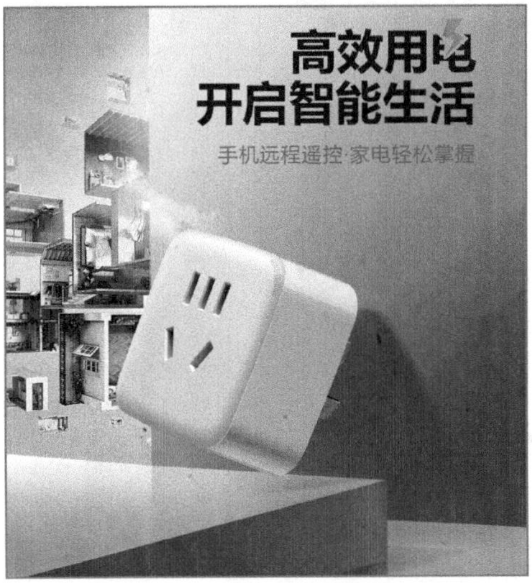

图6-51　产品详情页文案第一段

（4）写作产品详情页文案第二段。在第二段逐一介绍产品的4个核心卖点，可以将产品放置在具体的家居场景中，带动消费者想象产品的使用场景，以及使用产品的好处，如图6-52所示。

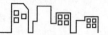

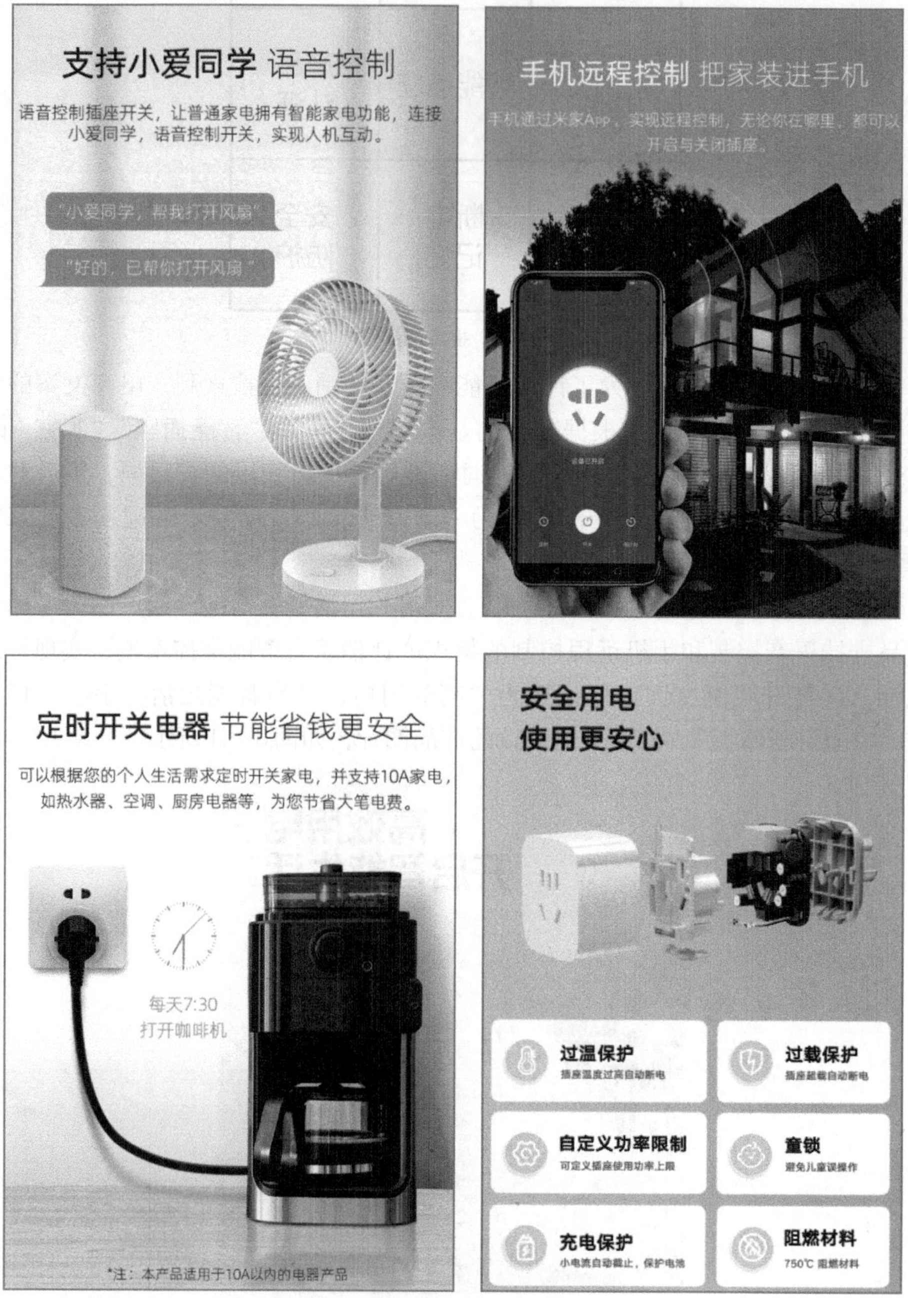

图6-52　产品详情页文案第二段

（5）写作产品详情页文案第三段。在第三段可以展示品牌的生产研发实力、消费者对该产品的好评、售后政策及权威机构的认证证书，如图6-53所示，以进一步表现该产品品质出色、售后有保障，促使消费者放心购买。

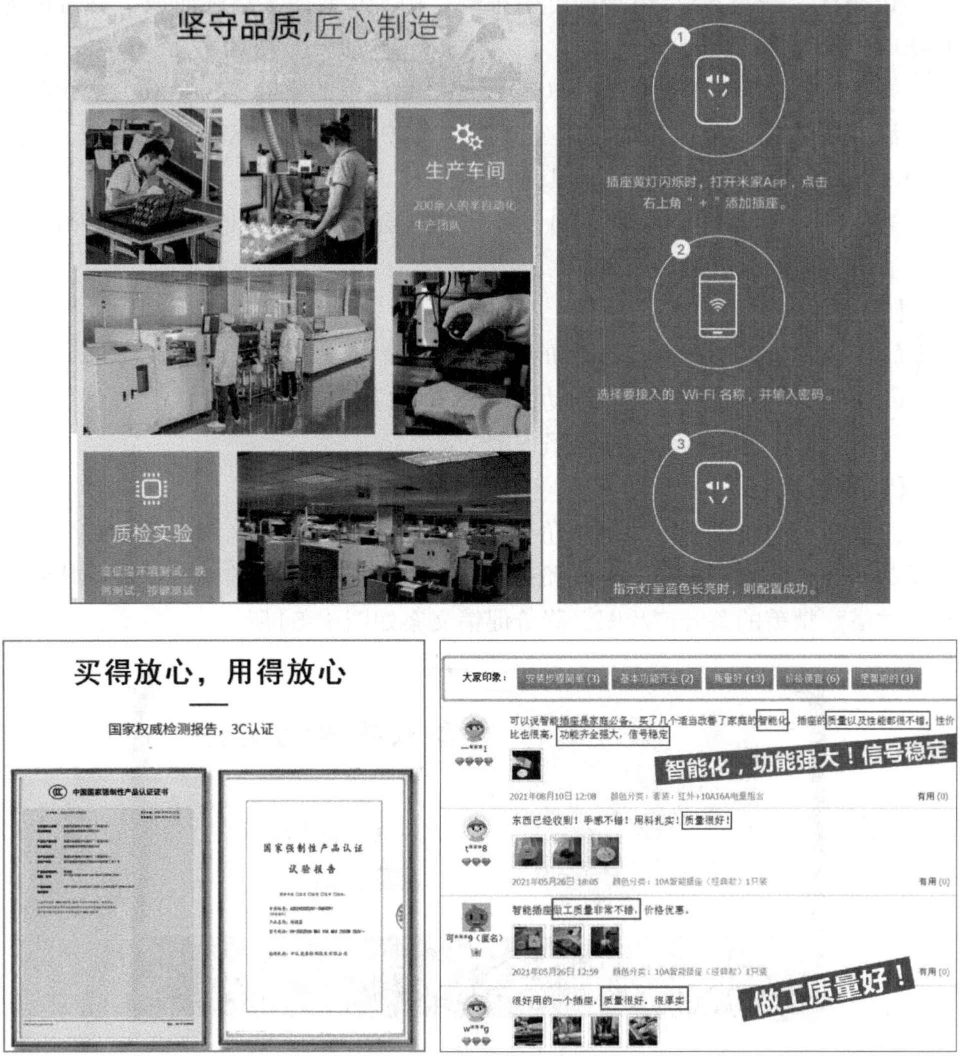

图6-53　产品详情页文案第三段

微课视频

第6章 同步实训2——写作茶叶网店促销文案

实训2　写作茶叶网店促销文案

【实训背景】

茶是我国重要的经济作物，也是百姓的日常饮品。中国的茶文化源远流长，博大精深。近年来，很多茶叶产品开始入驻电商平台，为这一古老饮品带来了新的销售渠道。

某茶叶网店计划于近日开展促销活动，活动分为三个部分。第一部分是一款茶叶降价销售活动。该茶叶名为蜜香金骏眉（500g装），产自海拔1200米的高山茶区，来自50年树龄的野生茶树，由8万颗芽头精制而成，日常价为1800元，活动价为580元。

第二部分是消费满一定金额（要求是单笔订单的实际支付金额）赠礼品活动。满199元送价值29元的玻璃公道杯，满399元送价值88元的江山玉瓷杯，满699元送价值119元的白瓷茶具套装。

第三部分是会员促销活动：0元即可加入会员，享受积分兑换产品和优惠券、买套餐送茶具权益。

【实训要求】

（1）为降价茶叶产品写作降价促销文案。

（2）为参与买茶叶赠礼品活动的茶叶产品写作奖品促销文案。

（3）为会员促销活动写作会员促销文案。

【实训步骤】

（1）写作降价促销文案。降价促销文案可以使用数字来直观地表明与降价相关的信息，包括日常价、活动价，此外还可以使用简洁的语言介绍茶叶的卖点，并搭配精美的茶叶产品图，降价促销文案如图6-54所示。

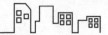

图6-54　降价促销文案

（2）写作奖品促销文案。奖品促销文案需要表述清楚活动规则，让消费者一目了然，可以采用“单笔实付满199元送玻璃公道杯”等简洁文字。奖品促销文案如图6-55所示。

（3）写作会员促销文案。会员促销文案可以从凸显会员特殊身份的角度入手，使用“VIP”“专属”等字眼，以及精致的图案来表现会员的独特和“尊贵”，吸引消费者加入会员。会员促销文案如图6-56所示。

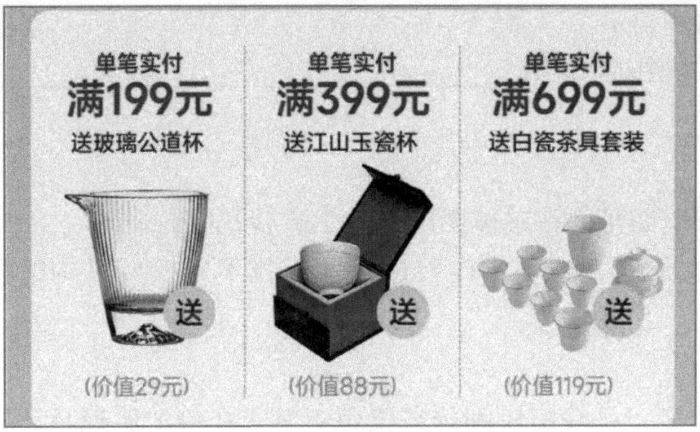

图6-55 奖品促销文案

图6-56 会员促销文案

思考与练习

1．选择题

（1）【单选】（　　）是指在淘宝、京东等电商平台上，商家以文字、图片或视频等手段展示所销售产品信息的页面。

A．网店主页　　B．网店导航页

C．产品详情页　　D．网店促销活动页

（2）【多选】海报中字体大小和粗细对比的运用可以（　　）。

A．突出显示海报文案的主要内容

B．美化海报

C．使海报文案的内容层次分明，便于消费者阅读

D．突出海报中的产品

（3）【多选】产品背景的搭配方法有（　　）。

A．物品点缀　　B．纯色背景

C．参照物　　D．与其他产品进行对比

（4）【单选】海报文案的主要写作要素不包括（　　）。

A．主标题　　B．副标题

C．描述信息　　D．二维码

2．填空题

（1）通常电商文案创作者在对海报文案进行排版时，可通过文字的______、______、______关系来进行设计。

（2）产品详情页文案中可以______或______，以激发消费者的

购买欲望，提高消费者的客单价。

（3）产品详情页中的图片包括________、________、________、________。

3．判断题

（1）产品详情页中，细节图可以在总体图的基础上直接裁剪。（　　）

（2）写作产品详情页文案时，想要借助权威信息，找不到权威机构的证书，可以自行伪造。（　　）

4．操作题

（1）扎染古称扎缬、绞缬，是我国民间传统染色工艺。扎染的原理是让织物在染色时部分结扎起来，使之不能着色，从而呈现丰富美丽的图案。现有一款2022年新上市的扎染T恤（见图6-57），其详细信息如下，请为其设置产品标题。

- 采用全棉面料，精梭重磅全棉轻磨毛，版型挺括；
- 精选贵州产土法制作靛蓝泥染料，绝非化学活性染料；
- 使用全棉缝纫线，使得明线暗线都能染上颜色；
- 单件手工染色，使每一件衣服的纹理都不相同。

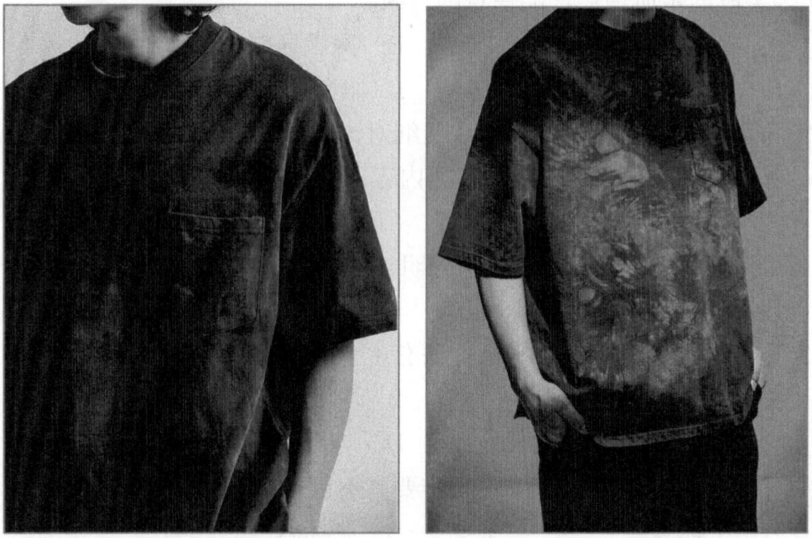

图6-57　扎染T恤

（2）现有一款产自广西的百香果，其果实个头硕大、酸甜多汁、果香浓郁，并且坏果包赔（需在24小时以内拍照联系客服，理赔标准=单价×坏果个数）。图6-58所示为该百香果的产品图，请结合产品的特点设计一篇精练简洁的产品详情页文案。

图6-58 百香果的产品图

（3）现有一款男式礼盒，包括剃须刀、皮带、男式Polo衫，如图6-59所示。现在该产品参与父亲节促销活动，原价199元，活动价159元，活动时间是2022年6月14日至19日。请为该产品撰写父亲节节日促销文案，要求采用“情感诉求”的写作方式。

图6-59 男式礼盒

第7章 品牌类电商文案的写作

案例导入

2022年儿童节当天，美团跑腿发布了名为“巧用美团跑腿过六一”的品牌故事，讲述了4个美团跑腿员工为消费者提供个性化服务的故事，包括替一位父亲前往幼儿园给孩子送礼物、前往办公室表演动画片片段以唤起职场人的童年回忆等。这些故事的戏剧性很强，涉及的服务略带搞怪的色彩，但反映的都是普通人的个性化需求，不脱离常理。该品牌故事通过人物动作、语气的变化等细节塑造了一个个鲜活的人物形象（包括消费者和美团跑腿员工），让消费者感到十分有趣、可爱，既拉近了品牌与消费者的心理距离，又让美团跑腿服务的特色在消费者心中留下了深刻的印象。

品牌故事是品牌文案重要的表现形式，其类型多种多样，包括历史故事、人物故事等。无论创作哪种类型的品牌故事，都需要反映品牌的价值、理念及品牌文化，使消费者产生品牌联想。除了品牌故事，品牌口号同样承载着传递品牌精神、反映品牌定位和品牌价值的重任，电商文案创作者有必要认真学习品牌故事和品牌口号的写作。

学习目标

- 了解品牌文案的特点和写作流程
- 掌握品牌口号的写作技巧
- 掌握品牌故事的写作类型、结构要素和写作技巧

素养目标

- 了解我国民间传说，从中挖掘品牌故事创作素材
- 培养观察生活的能力和同理心，提升创作品牌故事的能力

7.1 认识品牌文案

品牌文案是针对品牌文化写作的，用于树立品牌形象、推广品牌产品的一种文案。优秀的品牌文案能加深消费者对品牌的印象，提升消费者对品牌文化及品牌理念的认同，从而让其成为忠实消费者。要写出具有影响力、让消费者记忆深刻的品牌文案，电商文案创作者就需要了解品牌文案的特点，掌握品牌文案的写作流程。

7.1.1 品牌文案的特点

品牌文案不同于产品推广中的销售文案。销售文案是为了引导消费者产生购买欲望进而购买的文案，旨在直接提高产品销量，具有即时性。而品牌文案侧重于影响消费者对品牌的认知，旨在树立鲜明的品牌形象，带动品牌传播，扩大品牌的知名度。这使得品牌文案具有以下两大特点。

1. 有调性

调性原本是音乐领域的一个词，不同的调性带给人的听觉感受不同，如轻快、低沉等。要在消费者心目中形成鲜明的品牌形象，品牌文案就要有明确的调性（即给消费者的感觉，如欢快、平和等）。例如，江小白的品牌文案“我是江小白，生活很简单”就通过简单直白的语言给消费者以率性、爽快的感觉，有助于江小白树立接地气、年轻的品牌形象。百事可乐的品牌文案“突破渴望”则给消费者一种大胆、生机勃勃的感觉，有助于百事可乐树立充满活力的品牌形象。

2. 便于传播

要实现树立品牌形象、扩大品牌知名度的目的，品牌文案一定要便于传播。通常，电商文案创作者可以通过诉诸情感或者传递独特的价值观来引起消费者共鸣，促使其主动传播文案。

- **诉诸情感。**品牌文案往往通过传达细腻的情感，让消费者心中产生强烈共鸣，从而使消费者对品牌产生好感和认同。例如，民生银行信用卡的品牌文案“珍重每一分生活”便讲述了女儿回忆儿时与母亲的故事（见图7-1），意识到母亲勤俭持家的美好品格，如今觉得自己也变得像母亲一样，并感叹“会过日子，是我们骨子里从未变过的浪漫”，让消费者被母女之间的感情以及中国人会过日子的优良传统所感动。文案最后点题“民生信用卡已陪伴大众17年，让每一笔关心更划算"，让消费者在感动的同时加深对民生银行信用卡的印象。

- **传递独特的价值观。**价值观上的认同对于制造共鸣十分有效。很多品牌文案会通过输出与目标消费者的价值观类似的观点来让其产生共鸣，进而主动转发品牌文案。例如，运动品牌匹克邀请某科技达人拍摄了一则视频文案，通过输出"脑洞是超酷的运动"的观点（见图7-2），表现了对创新、创意的尊重，与其目标消费群体——年轻人崇新求变的价值观相吻合，很容易引起目标消费群体的价值认同，进而引发大范围传播。

图7-1　民生银行信用卡品牌文案

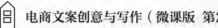

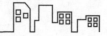

图7-2　匹克发布的品牌文案

7.1.2　品牌文案的写作流程

品牌文案的质量对于品牌形象有较大的影响，因此电商文案创作者在写作品牌文案时一定要认真对待，参照一定的流程进行写作。

1．收集与整理资料

电商文案创作者要想写出生动的品牌文案，就必须深入探究与分析品牌本身，了解品牌的定位、文化内涵、诉求、目标消费群体和竞争对手等信息。因此，电商文案创作者首先要做好信息的收集与资料的整理工作。

2．提炼并确定主题

主题是指品牌文案的主体和核心，主题的深浅往往决定文案价值的高低。主题来源于品牌历史、品牌资源、品牌个性、品牌价值观和品牌愿景等，包括基本主题和辅助主题，通常通过品牌名称、标语或品牌故事等进行表达传递。例如，前述的民生银行信用卡品牌文案"珍重每一分生活"的主题就是：中国人会过生活，而民生银行信用卡一直在帮助人们精打细算，过好生活。

3．撰写初稿

完成以上两项准备工作后，就可以开始品牌文案的写作了。写作品牌文案时，一定要将品牌理念和品牌的各种内在因素一一表达出来，以便消费者快速、完整地了解品牌的全部信息。

品牌文案的写作角度并不单一，电商文案创作者可以根据品牌需要呈现的效果来选择品牌文案写作的角度，如从企业的角度、消费者的角度、产品的角度等。从不同的角度可以写出不一样的品牌文案，都可以达到震撼人心的效果。例如，技术的发明或原材料的发现、品牌创建者的某段人生经历、品牌发展过程中所发生的典型故事等。

4．斟酌、修改稿件

电商文案创作者在写作品牌文案的过程中，可能存在语言组织不当、逻辑混乱等问题导致文案表述不流畅，因此在写作过程中需要仔细斟酌用词，选择适合品牌主题且能够表达品牌理念的词语或优美的句子。写作完成后，还要通读文案并校对，修改文案中的错误，保证文案中没有错别字、语法等问题。

5．定稿

完成品牌文案的写作和审查后，接下来就需要在适当的时机传播品牌文案。

7.2 撰写品牌口号

微课视频

7.2 撰写品牌口号

一个成功的品牌形象，由一系列相互关联的元素组成，每个元素都旨在宣传品牌的价值。除了品牌图标或标志外，传播范围较广并能使消费者留下深刻印象的就是品牌口号了。

品牌口号是用来传递有关品牌的描述性或说服性信息的短语，用于对外表达品牌在市场上的态度，突出品牌所代表的产品或服务的独到之处，或品牌希望对消费者许下的具体承诺，以利于加强消费者对品牌的积极认知。品牌口号除了需要令人过目不忘外，还要让消费者洞察品牌为其提供的价值和优质体验，以区别于竞争对手，如王老吉“怕上火，喝王老吉”，冷酸灵牙膏“冷热酸甜，想吃就吃”等。

品牌口号的魅力就在于用简单的文字，将品牌的志向和愿景有力地表达出来。品牌口号的目的是传递品牌精神、反映品牌定位和品牌价值等，以加深品牌特质在消费者心中的印象。很多时候，品牌的建立、传播，以及企业具体的战略目标、营销策略等都会围绕品牌口号来实施。那么，电商文案创作者怎样才能构思并撰写出一个既能让人印象深刻，又能体现出品牌特质的品牌口号呢？下面将介绍一些常用的品牌口号的撰写方法和技巧。

7.2.1 直接嵌入品牌名称

直接嵌入品牌名称就是将品牌名称（或产品名称）直接放入品牌口号中，使品牌名称成为其组成部分。采用这种方式创作的品牌口号，其品牌名称纯粹作为品牌的称呼，没有其他任何引申意义。比如“拼多多，拼着买才便宜”文案中的“拼多多”就是指拼多多品牌，“拼着买才便宜”则表现了拼多多平台的特点——拼购、便宜。将品牌名称放入品牌口号的文案中，实际上就是直接表明品牌的身份，简单明了地告诉消费者“我是谁，我的品牌内涵是什么”，让消费者能一下子记住品牌，加深消费者的品牌联想。总之，将品牌名称嵌入品牌口号非常有利于深化消费者对品牌的认知与记忆。

直接嵌入品牌名称的品牌口号，是由品牌名加上表达品牌内涵和特质的其他词语或短语构成的。比如美团的“美团，美好生活小帮手”，把美团与“美好生活小帮手”画了等号，一方面能使消费者记住品牌名称，另一方面，还传递了美团为消费者提供各种生活服务，让消费者生活更美好的愿景。

专家点拨

直接嵌入品牌名称的品牌口号，表明品牌身份，使消费者在第一时间对品牌或产品产生初步记忆，能够带来理想的品牌传播效果。因此，在不影响整个文案的基调和表达意图的情况下，可以考虑将品牌名称直接嵌入品牌口号中。采用这种方法创作的品牌口号的例子还有很多，如“QQ 邮箱，常联系”“支付宝，知托付”等。当然，直接嵌入品牌名称的品牌口号要符合逻辑，保证自然、不牵强。

7.2.2 使用语义双关提升意境

语义双关是利用语句多义性的修辞手法。语义双关在品牌口号中的运用非常普遍，运用语义双关的文案语言具有点石成金的效果，能化平淡为有趣。巧妙应用双关语来撰写品牌口号，能够生动形象地传递品牌形象，为消费者留下非常深刻的印象。

采用语义双关的方法撰写品牌口号有两种方式，一种是在文案中嵌入的品牌名称除了指代品牌本身外，还有其他引申意义。把具有双关含义的品牌名称嵌入文案中，不仅能够突显品牌及其产品，还可以作为关键词引导整个文案的情感基调。在撰写品牌口号的过程中，电商文案创作者应着重利用品牌名称的引申意义来传递品牌的精神内涵。例如，英雄牌钢笔的品牌口号“谁都热爱英雄”，文案中的“英雄”既是钢笔品牌的名称，还指具有高尚品质、敢于牺牲奉献的人，表现了该品牌向英雄看齐，追求高尚品质的精神内涵。

采用语义双关的方法撰写品牌口号的另一种方式是：文案中没有嵌入品牌

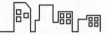

名称，但使用了双关语，或者除品牌名称外，其他部分的文字内容使用了双关语。比如某茶叶的品牌口号“一杯好茶，万事新昌”，口号中的“新昌”二字既指茶叶产地新昌，用来强化消费者对品牌的区位印象，同时也是对消费者的美好祝愿。

7.2.3 从产品属性入手

产品属性是指产品本身所固有的性质，是产品不同于其他产品性质的集合。产品常见的属性包括历史、时间、产地、材质、工艺等属性。在撰写品牌口号时从产品常见的属性入手，就是找到具有差异性或优势的某一个属性作为产品的核心诉求点，如新包装、新技术、独家工艺、独特秘方等，然后通过文字的阐述与概念的引导，最终形成独特的品牌口号。采用这种方式撰写的品牌口号，不仅能体现产品的特点、功能、服务对象，还能加深消费者的品牌联想，使品牌具有明显的竞争优势。

1. 历史

从产品的历史属性入手，简而言之就是通过品牌口号彰显品牌的悠久历史。通常情况下，经过重重考验，能够在漫长的时光中延续至今的品牌，其产品质量是有目共睹的，也更受消费者的青睐，悠久的历史就是产品或品牌的名片。所以，以历史属性为写作切入点，阐述品牌的继承与发展，是撰写品牌口号的常见创作思路。例如，爱马仕的品牌口号“爱马仕，始于1837年的当代工匠”，“始于1837年”体现了品牌的历史，“当代工匠”说明品牌不仅历史悠久，而且依然坚持精益求精的工匠精神。

专家点拨

通过挖掘品牌的历史属性撰写品牌口号可使用的技巧包括：直接用起始年份或时间绝对值，如始于 ×× 年或延续了 ×× 年；用俗语套话来特殊化表达，如“先有 ×××，后有 ×××”“以前是 ××，现在是 ××”等。

2. 时间

时间既可以强调产品的功效或效率，又可以代表产品的来源、状态，所以从产品的时间属性来构思品牌口号也是常用的方法。比如，某奶茶品牌的品牌口号“每天逛一家，要花19年”，用数字“一”“19”生动地表现了该品牌的门店数量之多。又如，涂料品牌三棵树的品牌口号“三棵树，马上住”，“马上住”不仅体现了产品的高效率，还强调了产品的安全无污染，与三棵树品牌定位“三棵树是高品质、环保型涂料的代表，意味着出色的涂装效果，意味着充满生趣、清新健康的生活，是最具人文关怀的涂料品牌”相融合。

3．产地

在很多情况下，产品的原产地就是产品的名片，比如提到宁夏，消费者会想到枸杞，提到湛江，消费者会想到小龙虾，所以以产品的原产地为写作切入点也是撰写品牌口号的常用方法。例如，鄂尔多斯羊绒衫的品牌口号“鄂尔多斯羊绒衫，温暖全世界”。羊绒素有“软黄金”之称，作为一种稀有的动物纤维，其以轻软细腻、品质优良著称，是公认的珍贵纺织原料。鄂尔多斯羊绒制品被誉为“世界羊绒大王”，因此消费者对鄂尔多斯羊绒衫青睐有加。又如，特仑苏品牌口号“沙漠有机，就是更好有机”，既体现了其牛奶来自沙漠的有机牧场，又表明来自沙漠有机牧场的牛奶品质好。

4．材质

企业制作产品所使用的材质有时能够与其他产品形成差异，如新配方、新材料、优质的材料等，如在某些酒店吃饭的时候，其菜单上会写着“我们只用鲁花花生油炒菜”。这种标榜材质的做法就是在做差异化。消费者普遍认为好的材质才能做出好的产品，所以以产品的材质作为写作切入点，也能撰写出具有吸引力的品牌口号。例如，某纯棉家纺的品牌口号“纺自然棉，穿贴身衣”，说明产品的材质是“自然棉”。

5．工艺

在工匠精神盛行的今天，更多人强调精品，而产品要做精必须有好的工艺作为支撑。对于同类型的产品而言，其制作过程大致是相同的，但每个品牌对于制作工艺的把握和研发的程度却是有区别的，当品牌掌握了最新的或独家的技术时，加工工艺就成了品牌的绝佳优势。因此，如果品牌产品的制作工艺具备差异化性质，或者工艺是独家掌握的，那么它的产品就具备了明显的竞争力，其文案就可以与技术相结合，提炼并阐述工艺上的亮点。

例如，主打牛腩牛杂煲的西关老阿婆的品牌口号“煲足8小时，正宗西关味”便表明其菜品的工艺特点为微火久煲，能勾起消费者对牛肉软烂口感的想象。

专家点拨

从产品属性入手撰写品牌口号，可以理解为通过产品属性挖掘产品的核心卖点，然后围绕产品的核心卖点撰写彰显品牌差异化性质的品牌口号。

7.2.4 利益诉求直击消费者的需求

采用利益诉求的方式撰写品牌口号，就是通过电商文案给消费者做出承诺，告诉消费者该产品能为其带来什么样的好处、满足其何种生理或心理上的需求。采用这种方式撰写品牌口号，电商文案创作者需要深入了解并掌握产品的核心功能，分析并提炼该功能带给消费者的利益，然后用精练准确的文字描述出来，让消费者产生相关的品牌认知。例如，瓜子二手车网站的品牌口号“瓜子二手车直卖网，没有中间商赚差价”，就直白地表明了该网站二手车价格更低的原因。

产品带来的实际益处才是消费者最为关心的问题，当品牌口号的诉求点变成消费者的利益点时，就可以让消费者知道品牌能给其带来的好处，进而引发消费者的购买意愿，最终让其产生购买行为。另外，给消费者承诺意味着品牌能提供消费者所期待的产品，当消费者被品牌口号的利益诉求吸引并购买产品后，如果认为达到了品牌口号所承诺的效果，那么消费者就会对该品牌信任有加。

案例 1：“不卖隔夜肉”——生鲜品牌“钱大妈”的品牌口号

大型超市和农贸市场是居民购买生鲜食品的两大去处。其中，大型超市的生鲜食品常以低价吸引消费者，但个别并不新鲜；农贸市场的生鲜食品虽然新鲜，但环境卫生相对不到位。

在消费者越来越注重食品安全、健康的情况下，需要一个介于超市和农贸市场之间的机构或社会组织，为消费者提供放心的生鲜食品。在这种需求下，“钱大妈”品牌应运而生，打着“不卖隔夜肉”的品牌口号，坚持做让消费者放心的生鲜食品。

当日未售完的生鲜食品次日再销售是一种常见现象，而“钱大妈”则要求所有新鲜肉菜均在当天销售完毕，绝不隔夜销售。“钱大妈”要求所有门店经营的新鲜肉菜每天19:00开始打折，每隔半个小时再降一折，直至免费派送，保证新鲜肉菜不隔夜销售，坚守新鲜承诺。

“钱大妈”从2012年4月在东莞开了第一家猪肉专卖店，推行“不卖隔夜肉”的经营理念，至2021年，“钱大妈”在全国的门店数已达约2900家。

正是抓住了消费者对新鲜肉类的需求，“钱大妈”推出了“不卖隔夜肉”这种通俗易懂、简单直接的口语化文案，从利益诉求出发告诉消费者“钱大妈”不卖隔夜肉，并且用实际的系列举措来实现不卖隔夜肉的承诺，保证生鲜食品新鲜健康。如此，“钱大妈”自然深受消费者的青睐。

7.2.5 场景化塑造品牌定位

场景化塑造是指塑造产品的使用场景。比如，在正式的社交场合人们会选择穿礼服，而在日常休闲的时候，人们喜欢穿休闲装；又如，日常串门，人们会带一些休闲零食，而在节假日拜访亲朋好友时，人们则会选择一些贵重或特别的物品。电商文案创作者在进行产品的场景化文案创作时，应该清楚地了解消费者使用该产品的场景，分析这些场景背后所包含的主要因素（如场合、对象、时间、心理活动、目的等），然后提炼出该场景下的主题（如庆祝节日、乔迁之喜、宴请），并结合品牌的定位与理念，用适合的文字进行描述。

例如，溜溜梅的品牌口号“没事儿你就吃溜溜梅”，就勾勒了一幅休闲时刻食用溜溜梅的场景，生动有趣，与其零食产品的定位十分契合。此外，麦斯威尔咖啡“好东西要与好朋友分享”、红牛“累了困了喝红牛”、支付宝“支付就用支付宝”等品牌口号也是场景化塑造的典型例子。

7.3 讲好品牌故事

品牌故事是整合品牌发展过程中的产品信息、品牌形象、品牌文化等基本要素，加入时间、地点、人物以及相关信息，并以完整的叙事结构或感性诉求信息的形式传播推广的故事。品牌故事是品牌文案的主要类型，因为故事的形式容易被消费者接受，一个生动的品牌故事可以引起消费者对产品的共鸣及对品牌文化的深切认同。目前很多品牌都在官方网站或旗舰店设置了“品牌故事”栏目，展示建立品牌的经历、品牌的理念和品牌文化的塑造过程等信息，由此可见品牌故事的重要性。

7.3.1 品牌故事的写作类型

故事是一种与消费者产生情感连接和让消费者产生价值认同的沟通方式。电商文案创作者无论选择创作哪种类型的品牌故事，都应根据自身条件和品牌特性找到能引起消费者共鸣的地方，写出能打动消费者内心的内容。品牌故事包括以下5种类型。

1. 历史型

讲述品牌的历史故事，是电商文案创作者撰写品牌故事的惯用方式。厚重的历史是品牌价值的一部分，在漫长的岁月中只有优秀的品牌才能做到历久弥新。这类品牌故事一般包括如下内容：品牌从创建到走向成功所经历的困难，品牌发展中发生的感人小故事，品牌每个发展阶段的关键举措，品牌所取得的成绩和所获得的荣誉等。历史型品牌故事一般用坚持不懈的精神来打动消费者，从而使消费者对品牌产生敬意与好感。图7-3所示为佛手味精的品牌故事节选，其强调了该品牌悠久的历史、品牌的由来，及品牌发展过程中取得的一系列成绩，属于典型的历史型品牌故事。

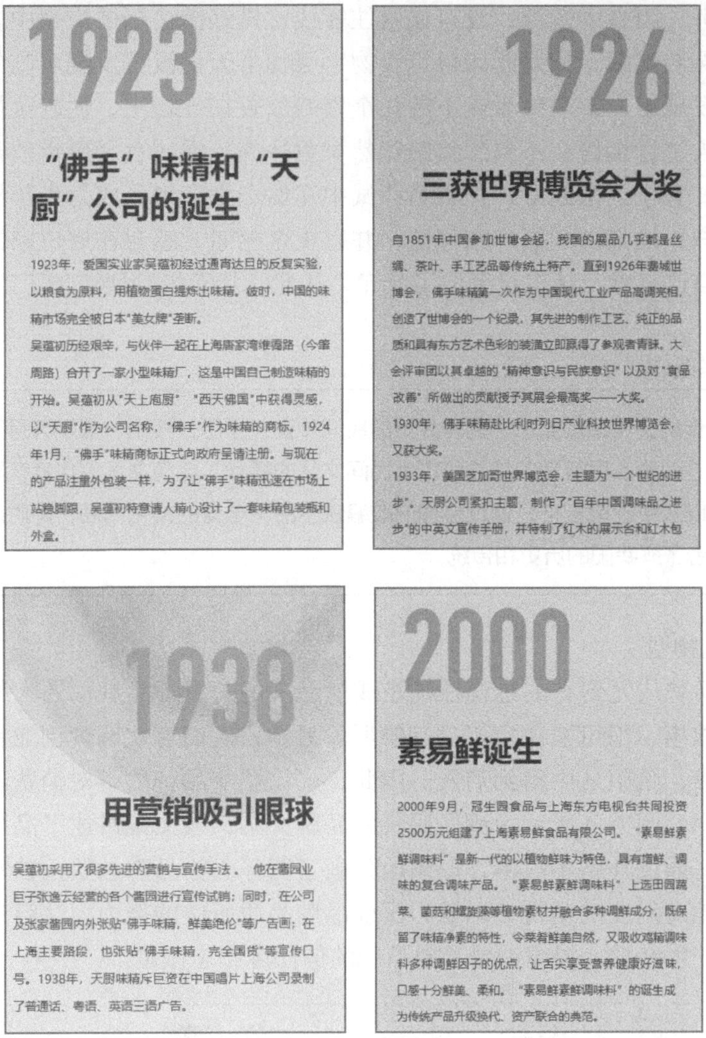

图7-3　佛手味精的品牌故事节选

专家点拨

并不是只有拥有悠久历史的品牌才可以撰写历史型的品牌故事。一个新品牌虽然建立时间不长，但其产品可能拥有一定的历史传承，如某款茶叶产品与某个历史人物有关联，某个历史人物对该茶叶情有独钟等，电商文案创作者在为该品牌撰写品牌故事时，就可将这种关联作为创作历史型品牌故事的切入点。

2．传说型

通过讲述一个传说故事或神话故事表现品牌特征，就是所谓的传说型品牌故事。这个故事可以是流传至今的故事，也可以是电商文案创作者编撰加工的故事。例如，某食品品牌的品牌故事讲述了一个传说："相传宋朝有个落魄秀才进京赶考，因囊中羞涩，没有银两住客栈，只好借宿一屠户家中。秀才半夜饥肠辘辘辗转难眠，只好起床寻觅食物，寻找半天也没有发现可吃的东西。突然，秀才发现屠户宰杀猪后剩下的几个猪蹄放置在灶台上，便赶紧捡起来，点上一堆柴火进行烧烤，不料想猪蹄竟然异香扑鼻，秀才食之唇齿留香，精神大振。不日，秀才上京赴考，在科举考试中竟然一举夺魁，成为当年的状元。为了答谢屠户，他亲自到屠户家拜访，并以重金感谢，感谢在屠户家饱尝猪蹄美味而给了自己灵感，让自己考取了状元。从此，状元烤蹄便流传了下来。”

素养课堂

我国传统文化源远流长，拥有大量的民间传说，如愚公移山、嫦娥奔月等。这些民间传说是劳动人民智慧的结晶和本土民间文化的精华，电商文案创作者在写作品牌故事时可以从中选取素材，通过合理的改编赋予品牌丰富的文化内涵，同时还可以让更多消费者了解我国的历史和传统。

3．人物型

一个品牌从无到有的过程往往是成就品牌的关键，品牌创始人的个性与创业时期的故事，很可能决定了品牌雏形。另外，人们喜欢阅读创业者或企业家的励志故事，希望从中得到启发。因此，人物型的品牌故事对消费者也具有很大的吸引力。图7-4所示为湾仔码头的品牌文案，该文案讲述了品牌创始人的传奇人生，通过几则小故事，形象地刻画了湾仔码头品牌创始人独特的人格魅力，包括她对创业的坚持，以及为保证品牌品质所做的努力。这容易使消费者对该品牌产生好感，提高消费者对品牌的信任度和忠诚度。

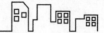

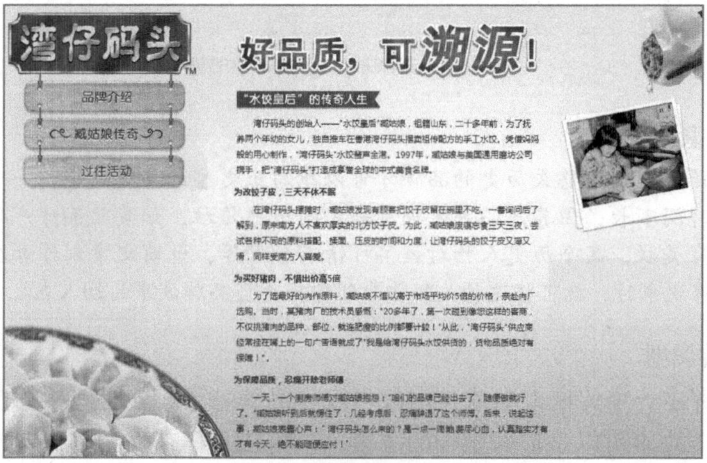

图7-4　湾仔码头的品牌文案

4．卖点型

卖点型品牌故事，通过品牌故事突显产品工艺、优越产地、独特原料、核心技术、制作水平等产品卖点。图7-5所示为1436小山羊绒稀有品的品牌故事，其介绍了“1436”品牌名称的来历，并突显了“每根羊绒纤维平均细于14.5微米，长于36毫米”的小山羊绒的精品规格，以及“将每件作品以120道工序精心处理”的产品材质和工艺的卖点。

图7-5　1436小山羊绒稀有品的品牌故事

5．理念型

理念型品牌故事是指以品牌追求的理念、品牌的风格和品牌的定位为传播内容的品牌故事。理念型品牌故事适合走差异化路线的品牌，使人们只要一提到某种理念或风格，就会马上联想到这个品牌。图7-6所示的某彩妆品牌的品牌故事就是典型的理念型的品牌文案。

图7-6　理念型品牌故事

7.3.2　品牌故事的结构要素

故事就是用语言艺术地反映生活、表达思想感情的一种叙事类文体。故事要么寓意深刻，要么人物典型或情节感人，总之就是要给消费者留下深刻的印象，切忌情节平淡，没有可读性。故事一般包括背景、主题、细节、结果和点评5个要素，如何通过文字将这些部分生动地描写出来，是撰写品牌故事的关键。

1．背景

故事背景是指故事发生的有关情况，包括故事的时间、地点、人物、起因等。下面的一段文字便很好地介绍了故事的背景。

从前，有一个老农，世代守着一块盐碱地。

春耕，夏种，秋收，冬藏。寒来暑往，日复一日。

这块地，没人愿意种……

专家点拨

背景的介绍并不需要面面俱到，重要的是说明故事的发生是否有什么特别的原因或条件。

2．主题

主题是指故事内容的主体和核心，可以是电商文案创作者对某种理想的追求或对某种现象的观点，通俗地说就是电商文案创作者要表达的内容。主题的深浅与表达的内容往往决定作品价值的高低，电商文案创作者需要将其融合在人物形象、情节布局及环境描写和高明的语言技巧之中。

主题可以通过以下途径进行表述。

- **人物**。人物是故事主题的重要承载者，人物形象的塑造可以很好地反映故事所要表达的主题，揭示某种思想或主张。
- **情节**。情节在故事中起着穿针引线的作用，它可以将故事的开始、发展和结束串联起来，形成一个完整、鲜活的故事。情节的展开可以推动故事的发展，让故事层层深入吸引读者。
- **环境**。通过对社会环境或生活环境的描写来揭示或暗示某种思想，同时结合人物思想性格的背景描写，可以很好地描述故事所要表达的主题。
- **抒情语句**。故事一般不会直白地表达主题，而是通过一些抒情性的语句来表现主题。

例如，支付宝在2021年春节期间发布的品牌故事“望”，就讲述了过年时爷爷思念在太空中的孙子（宇航员），通过各种手段（如放福字风筝、放烟花等）想让孙子在太空中看到自己送出的祝福。该故事的主题很明确，通过爷爷对孙子的“望”，表现亲人间的思念，另外，还传达了支付宝品牌“愿所有想念都被看见”的美好祝愿（见图7-7），呼应了文案所推广的“集五福”活动，赢得了很多消费者的好感。

3. 细节

细节描写就是抓住生活中细微的典型情节加以生动细致的描绘，使故事情节更加生动、形象和真实。细节一般是作者精心设置和安排的，是不可随意取代的部分，恰到好处的细节描写能够起到烘托环境气氛、刻画人物性格和揭示主题的作用。例如，前述的品牌故事“望”就充满了各种细节，文案开头就描写了爷爷的念叨（见图7-8）：“小石头啊，有意思得很，嘴巴馋了，就爱打嗝。”然后镜头中展现的就是孙子打嗝的情景。虽然打嗝这个细节对于该品牌故事情节的推动没有什么作用，但却能体现爷爷对孙子的了解，表现爷孙之间的深厚感情，并有助于塑造一个十分思念孙子的爷爷的形象。

专家点拨

常见的细节描写方法有语言描写、动作描写、心理描写和肖像描写等，不管采用哪种方法都需要电商文案创作者事先认真观察，选择具有代表性、概括性、能深刻反映主题的事件进行描写，突出故事的中心，给读者留下深刻的印象。

图7-7 支付宝品牌故事

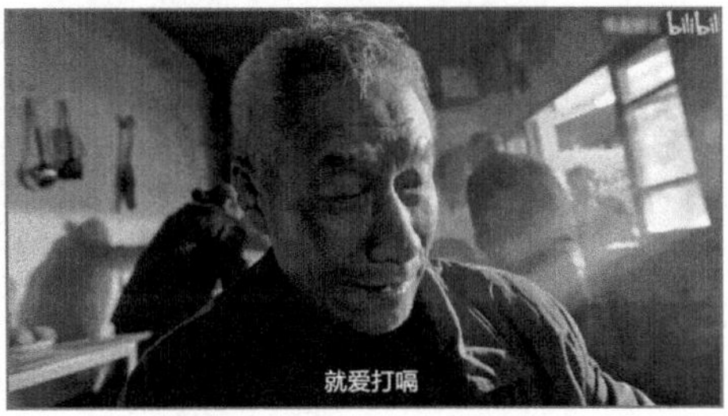

图7-8 品牌故事中的细节

4. 结果

故事有起因当然就有结果，告诉读者故事的结果能够加深他们对故事的了解和体会，有利于故事在他们心中留下印象。

比如，前述的品牌故事“望”中，爷爷和村民放起了烟花，身在太空中的孙子虽然不能看见，但也像爷爷望向天空一样望着家的方向，为爷爷送上了祝福。这就是品牌故事的结果。

5. 点评

点评即对故事所讲述的内容和反映的主题发表一定的看法和进行一定的分析，以进一步揭示故事的意义和价值。点评应尽量从故事内容出发，引起读者的共鸣和思考。

例如，雷克萨斯发布的品牌故事“说不出来的故事”（见图7-9），讲述了一对中年夫妻因忙于追求事业而忽视日常生活，经过沟通后发现生活的真谛就是平淡、家人的陪伴才是宝贵财富的故事。该品牌故事的结尾，以旁白的形式对该故事做出了点评："生活就是这样，真实而静美，在日复一日的似水流年中，你会看到，一朵朵闪亮的浪花。"该点评点明了故事的主题，引发了消费者的思考。

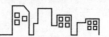

图7-9　雷克萨斯发布的品牌故事

7.3.3　品牌故事的写作技巧

故事的结构完整有助于更好地叙述故事，但并不意味着这个故事就是优秀的。电商文案创作者还可参考以下4个方面的写作技巧，使品牌故事具有可读性和可分享性，从而更好地展现品牌的文化内涵，让品牌得到更广泛的传播。

1. 选择复杂的语境

语境即语言环境。狭义的语言环境主要指语言活动所需的时间、场合、地点等因素，也包括表达、领会的上下文。广义的语言环境则是指社会的性质和特点，使用者的职业、性格、修养和习惯等。

在写作品牌故事的过程中，尽量不要使用单一的语言环境，而要描述故事发生、发展的多种可能性，使故事更具有吸引力。例如，某消费品品牌的品牌故事第一段话描写到："1946年时装设计师克里斯汀·迪奥先生在偶然的机会下遇到商业大亨马库斯·布劳彻（Marcel Boussac），两人一拍即合，招聘85位员工并投入6000万法郎的资金，在巴黎的蒙田大道（Avenue Montaigne）30号正式创建第一家个人时装店，全店装潢以迪奥先生最爱的灰、白两色与法国路易十六风格为主。"

2. 揭示人物心理

人物的行为是故事的表面现象，人物的心理则是故事发展的内在依据。描写人物的心理就是描写人物内心的思想活动，以反映人物的内心世界，揭露人物欢乐、悲伤、矛盾、忧虑或希望的情绪，从而更好地刻画人物性格。

描写人物心理的方法很多，其目的都是表现人物丰富而复杂的思想感情，让故事更加生动形象和真实。

（1）内心独白。内心独白是常用的一种揭示人物心理的描写方法，以第一人称描述为主，是人物倾诉、透露心理活动的重要手段。内心独白的表达方式并不单一，既可以通过一整段话来表达内心所想，也可以通过其他的方式进行表达。

案例 2：“她改变的”品牌故事

2022年年初，某棉质用品品牌以“她改变的”为题，发布了系列品牌故事，旨在挖掘女性“改变”的力量，引起了很多消费者的共鸣。其中一则品牌故事聚焦执教中国女足的首位本土女性教练水庆霞，讲述了坚毅执着的她带领女足做出改变，成功取得亚洲杯冠军的故事（见图7-10）。

该品牌故事以水庆霞的内心独白开头：“17岁第一次踢球，别人说水庆霞你行不行；做教练，‘为什么是水庆霞，她行不行’。我也不知道行不行，我只是对赢还有渴望。所以应该问的是这个问题，‘水庆霞，你想不想’。”这表现了水庆霞面对他人对自己踢球和担任教练的质疑时的复杂心情，包括刚开始的自我怀疑，以及因对胜利的渴望而燃起直面挑战的勇气和决心。

接下来，该品牌故事继续通过水庆霞充满真实情感的话，表现了她从球员到教练这一路走来的真实经历与心路历程，包括在上海青年队任教时所经历的挫折、正式担任中国女足教练之后面对的质疑、亚洲杯决赛中女足的惊天逆转。故事展现了她在逆境中不言弃、不服输的精神，让消费者看到了一位坚韧刚毅的女性教练形象。

在品牌故事的最后，该品牌以“13年来，××品牌秉持初心，致力于用100%全棉产品改变世界。今天，我们支持那些拥有改变想法的女性去实现自己的想法。”点题，将水庆霞的故事与该品牌的品牌理念进行了结合，传递了该品牌“健康可持续产品打造品牌的核心竞争力”的价值理念，树立了良好的品牌形象。该品牌故事一经发布便引发网络热议，消费者在被水庆霞的精神所打动的同时，也对该品牌形成了良好的印象。

图7-10 “她改变的”品牌故事

（2）动作暗示。除内心独白的方式外，还可通过恰当的动作描写来传达人物的心理活动。例如，图7-11所示为喜马拉雅品牌创立九周年时发布的品牌故事，在讲述忙碌工作的儿子与父亲之间的故事时，就用挂电话、分享喜马拉雅App的节目等动作暗示人物烦躁、愧疚的心理。

图7-11　喜马拉雅发布的品牌故事

（3）心理概述。心理概述是通过第三人称的方式，以旁观者的身份剖析、评价人物的内心活动。其不仅可以更加细腻地表现人物当时的心理活动，还能在展开故事情节的过程中描述人物的感情变化，是一种比较灵活的描写方式。

3．提高故事的可读性

可读性是指故事内容吸引人的程度，以及故事所具有的阅读和欣赏价值。如何将品牌文化故事写得生动有趣，引起消费者的共鸣，是大部分品牌都在思考的问题。怎样才能提高品牌故事的可读性呢？下面将从3个方面进行讲解。

- **故事是否新颖。**新颖的品牌故事能够产生让人眼前一亮的感觉。不落俗套、充满创意的品牌故事是一种很好的品牌推广方式。它不仅可以在众多同类型的文案中脱颖而出，还能加深消费者对品牌的印象。
- **情感是否丰富。**故事是否丰满，人物形象是否立体，矛盾是否激烈，情感叙述能否深入人心从而引起消费者的共鸣，是文案能否打动消费者的关键。
- **语言叙述是否得体。**品牌故事的语言不能使用太专业或技术性过强的词汇，应该尽量简单、通俗易懂，让消费者能够快速明白故事所讲述的内容。

4．提升故事的分享魅力

吸引阅读和引发分享是不同的，品牌故事只是做到吸引消费者阅读还不够，如果能引发消费者分享，那么就能对品牌传播起到事半功倍的作用。因此，电商文案创作者在撰写品牌故事时，要努力提升品牌故事的可分享性。通常，具有独特视角，能引发人们思考，有意义、有道理、打动人心的故事更能引发消费者的主动分享传播。

素养课堂

要写出打动人的品牌故事，电商文案创作者就要用心观察生活，留意生活中的细节，培养自己的同理心，学会站在他人的角度体会其情感；此外，电商文案创作者还可以多阅读经典文学著作，学习优秀作家对故事、人物、情感的表达，将其与当代人的生活经验相联系，为自己的文案创作提供灵感和养料。

案例 3：京东“新年第一单”品牌故事

京东在新年期间发布了一则品牌故事“新年第一单”，呈现了7个消费者在京东购买产品的故事（见图7-12），包括：女儿去了北方才发现没有暖气的老家冷，于是送给妈妈取暖器；小伙儿在买的专业书中写下“我一定会靠自己的努力，在这个城市扎根”的志向；孙子送给爷爷一部手机，而爷爷经常用手机看孙子的朋友圈等。

这则品牌故事的新颖之处在于其是以物品的视角和口吻来讲述故事的，如“我是给妈妈的取暖器”“我是你买给自己的专业书”等，通过拟人的手法，将物品作为有生命的旁观者，客观地呈现出各个主角收到“新年第一单”时的情感状态。

此外，该品牌故事中涉及多个人物，尽管每个人物的故事只使用了一两句话进行描述，但情感表达却很细腻、丰富，将人物的情感高度浓缩于物品中，如通过在专业书中写下志向这一小细节生动地体现了小伙儿满满的干劲以及潜心学习、默默努力的性格。

总的来说，该品牌故事通过讲述京东消费者的故事，将京东产品融入了故事人物的日常生活中，让其作为旁观者客观呈现人物的喜怒哀乐，角度十分新颖，情感表达丰富且细腻。该品牌故事一经发出，引发了很多消费者的情感共鸣，促使其在社交平台上转发分享，扩大了该品牌故事的传播范围。

图7-12 京东“新年第一单”品牌故事

同步实训——写作蜀锦品牌文案

微课视频

第7章 同步实训——写作蜀锦品牌文案

【实训背景】

蜀锦是四川省成都市特产，是汉至三国时蜀郡（今四川成都一带）所产特色锦的通称。蜀锦历史悠久，与南京的云锦、苏州的宋锦、广西的壮锦并称为中国四大名锦。2006年，蜀锦织造技艺经国务院批准列入第一批国家级非物质文化遗产名录。

张某某多年来一直潜心研究蜀锦的技法，技艺高超，已经成为一位经验丰富的蜀锦大师。她于2022年成立了自己的蜀锦品牌，并借自己的名字将其命名为“绣名”。鉴于“绣名”品牌在网上没有太大名气，张某某决定安排员工小希写作品牌文案来宣传“绣名”。

【实训要求】

（1）为该品牌写作品牌口号。

（2）为该品牌写作人物型的品牌故事。

【实训步骤】

1．写作品牌口号

小希决定采用语义双关的方法，将品牌名称“绣名”嵌入品牌口号中，同时考虑到蜀锦历史悠久，制作考究，因此她决定将蜀锦传承、匠心和巧手作为要点植入品牌口号中。小希写好的品牌口号为“匠心巧手，承锦绣名”。

2．写作品牌故事

品牌故事的写作相对更复杂，篇幅更长，因此小希决定严格按照品牌文案的写作流程来写作品牌故事。

（1）收集与整理资料。小希首先向张某某了解了她与蜀锦的渊源，具体内容如下。

张某某，女，四川成都人，52岁，出生在团结街道白马村，是四川省工艺美术大师、成都市蜀锦非遗传承人。儿时，家里很多长辈都是蜀锦高手，经常聚在一起制作蜀锦，这让她深受影响，很小就喜欢上了蜀锦。10岁时，她就在母亲的指导下学习制作蜀锦了。

复杂的蜀锦技艺对一个小孩来说有些困难，张某某也曾想过放弃，甚至哭闹、故意毁掉作品，然而母亲制作的成品以及教诲一直激励着她。

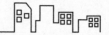

经过多年的努力，张某某在蜀锦技艺上取得了突破，创新性地应用手工小梭挖花断纬或盘织法，在同一纬向上同时织出多种不同的颜色。张某某对作品要求高，经常花大半年时间来完成一个作品。后来，她荣获第三届××民间刺绣工艺优秀传承人奖，并前往欧洲多国参加刺绣交流会议。

2022年，张某某成立了成都绣名蜀锦工艺有限公司，创立品牌“绣名”。品牌旗下拥有多种蜀锦产品，包括蜀锦丝巾、蜀锦挂画（主推产品，加入四川特色元素）、蜀锦摆件等，如图7-13所示。

多年来，张某某还在多地创办了绣坊、开办了蜀锦培训班，培养了千余位绣娘。

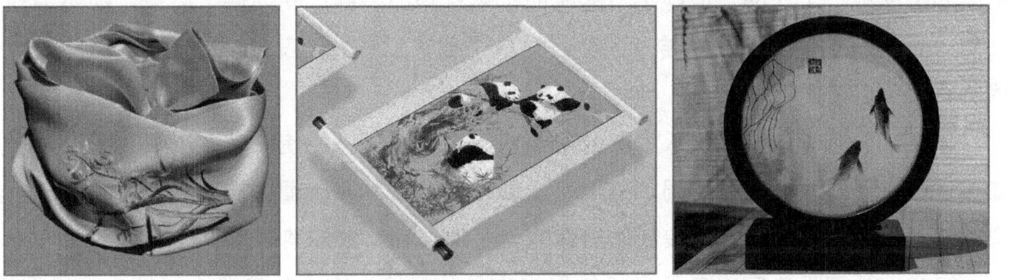

图7-13 品牌旗下产品

（2）提炼并确定主题。小希在详细阅读了整理的资料后，她认为“匠心精神”“传承蜀锦技艺”就是品牌故事的主题，于是将“秉持工匠精神，传承蜀锦制作技艺”作为品牌故事的主题。

（3）撰写初稿。根据“绣名”创始人与蜀锦的渊源，小希准备按照品牌故事的结构要素来写作文案初稿，详细内容如下。

- **背景：**张某某出生于成都，从小热爱并学习蜀锦制作。
- **主题：**秉持工匠精神，传承蜀锦制作技艺。
- **细节：**张某某在学习蜀锦制作的过程中曾想过放弃，但母亲制作的成品以及教诲不断鼓励着她；张某某在蜀锦技艺上取得了突破，应用手工小梭挖花断纬或盘织法，在同一纬向上同时织出多种不同的颜色。
- **结果：**张某某创立了自己的品牌，并致力于传承蜀锦制作技艺。

（4）斟酌、修改稿件。整理出来的初稿稍显生硬，为了让其更加生动、有吸引力，小希决定使用更加生动的表述，充实故事细节。另外小希还使用揭示人物心理的技巧，展现张某某的内心真实想法，通过张某某对蜀锦的热爱，以及她身上具备的“精”与“专”的工匠精神来引发消费者的共鸣。

（5）定稿。最后，小希完成了品牌故事的写作，详细内容如下。

张某某出生于成都，小时候院子里十来个绣娘围坐在一起制作蜀锦的场景让年幼的她萌发了对蜀锦的好奇与热爱。10岁时，她开始跟着母亲学习制作蜀锦。

蜀锦针法繁多，制作流程有多道工序，年幼的张某某在学习的过程中也曾想过要放弃，甚至还在母亲面前哭闹、故意把正在制作的蜀锦剪坏。不过，当她看到母亲制作的一幅幅美丽的蜀锦时，她坚定了学习制作蜀锦的决心。她一直牢记着母亲的一句话：“看到成品的美好，就会觉得制作蜀锦时的辛苦都是值得的。”

在母亲的激励下，张某某开始刻苦钻研蜀锦的制作技艺，并取得了重大突破。她在传统织造技法的基础上，创新性地应用操作极其复杂的手工小梭挖花断纬或盘织法，在同一纬向上同时织出多种不同的颜色，打造出现代织机无法制作出的绚丽图案和细腻质感。她的针法娴熟、技艺精湛，对作品要求高。她常常告诉自己：蜀绣的一针一线都马虎不得，要静得下心，耐得住性子。这种“精”与“专”的工匠精神使得她经常花大半年时间来完成一个作品，但她手下的绣品都堪称精品，并广受好评。后来，她还荣获第三届××民间刺绣工艺优秀传承人奖，并成了蜀锦工匠的代表，前往欧洲多国交流、传播刺绣文化。

张某某认为，守护和传承古老的蜀锦制作技艺是自己的使命。多年来，张某某先后在多地创办了绣坊、开办了蜀锦培训班，面向社会各界开展蜀锦技艺培训，培养了千余位绣娘。看着这些年轻的绣娘制作出来的美丽的蜀锦，张某某倍感欣慰。

如今，张某某决定将自己多年的蜀锦作品分享给大家，让更多人了解、喜爱蜀锦。因此，她创立了蜀锦品牌——绣名。品牌旗下拥有多种蜀锦产品，包括蜀锦丝巾、蜀锦挂画、蜀锦摆件等。其中，蜀锦挂画是主推产品，其将四川独特的自然生态特色、历史渊源、文化内涵融入其中，体现了独特的东方之美。

思考与练习

1. 选择题

（1）【多选】品牌故事的结构要素包括（　　）。

A. 背景　　B. 主题

C. 细节　　D. 结果

（2）【多选】品牌故事的类型包括（　　）。

A. 历史型　　B. 传说型

C. 人物型　　D. 理念型

（3）【单选】品牌故事的可读性不体现在（　　）方面。

A. 故事新颖性　　B. 情感丰富性

C. 语言叙述的得体性　　D. 逻辑的明晰性

2. 填空题

（1）____________就是将品牌名称（或产品名称）直接放入品牌口号中，使品牌名称成为其组成部分。

（2）____________是整合品牌发展过程中的产品信息、品牌形象、品牌文化等基本要素，加入时间、地点、人物以及相关信息，并以完整的叙事结构或感性诉求信息的形式传播推广的故事。

（3）品牌文案的写作流程包括________、________、________、________、________。

3. 判断题

（1）品牌故事的语境越简单越好。（　　）

（2）情景描写是品牌故事中不可缺少的部分，情景所反映出来的画面是人物心理的真实反映，不仅可以很好地反映故事的主题，还能增添故事的美感。（　　）

4. 操作题

（1）现有一个名为“耀光”的男士商务保温杯品牌，主打卖点是触摸显温、智能测温、提醒喝水功能。请从利益诉求的角度为其写作品牌口号。

（2）甘肃陇南位于北纬33°，与地中海同纬度，日照充足，奔流不息的白龙江灌溉着有机质一级的微碱性土壤，这些都为油橄榄生长创造了得天独厚的条件。1975年，甘肃省陇南市武都区开始引种油橄榄，经过40多年的探索实践，全区油橄榄种植面积达到30万亩，成为中国较大的初榨橄榄油生产基地。橄榄油具有抗氧性能，富含不饱和脂肪酸，在高温下煎炸食物可减少有害物质的产生，但不会减少食物的营养价值。炒菜时倒入少许的橄榄油，能使菜品增色不少，清香而不油腻。现有一款产自甘肃省陇南市武都区的××牌橄榄油，请根据以上描述内容创作品牌故事。

第8章 推广类电商文案的写作

案例导入

QQ浏览器在高考期间发布了一篇微信公众号文案"一站式智能高考服务，助力追梦少年们乘风破浪"，用来推广QQ浏览器上线的智能高考服务，包括考前查询实用备考技巧、定制高考祝福语贺卡，考后查询分数、院校、专业服务，帮助考生填报志愿。该文案借助高考的热度吸引关注，然后通过介绍QQ浏览器与高考相关的特色服务，以及对考生的祝福，凸显了QQ浏览器的实用性和人性化，给消费者留下了良好的印象，很好地推广了QQ浏览器。

微信作为当今流行的移动互联网平台之一，是电商时代企业开展营销活动的重点。因此，微信文案也成了当前重要的推广类电商文案之一。此外，微博、短视频与直播、社群文案也是十分重要的推广类电商文案，电商文案创作者需要认真学习和掌握。

学习目标

- 掌握微信、微博文案的写作
- 掌握短视频和直播文案的写作
- 掌握社群文案的写作
- 能够写作不同平台的推广类电商文案

素养目标

- 利用短视频、直播等平台发布正能量文案，构建网络良性生态
- 遵守平台规则，坚持诚信原则

8.1 微信文案的写作

微课视频

8.1 微信文案的写作

微信是基于智能移动设备而产生的即时通信软件，是当今十分流行的新媒体平台，各大商家将微信作为营销推广的重点平台，而在微信营销中，文案所起到的作用是不容小觑的。

8.1.1 微信文案的主要表现形式

微信文案主要有两种表现形式，分别是微信朋友圈文案和微信公众号文案。

1．微信朋友圈文案

朋友圈是微信的主要功能之一，是一个分享个人信息的平台，用户可以在朋友圈中分享生活趣事、热点事件、个人感悟等内容。很多商家都会以客服的名义注册个人微信号并发布微信朋友圈文案来进行推广，如图8-1所示。一般来说，微信朋友圈文案的内容不宜过长，100个字左右为佳，尽量保证文字轻松有趣，不要在一条状态中添加太多产品信息。

商家除了开通个人账号进行推广外，还可以在微信朋友圈投放广告。微信朋友圈广告采用了信息流广告形式，与平常能够看到的原创朋友圈形式相似，由文字、图片或视频信息构成，只是右上角注有“推广”或“广告”字样，如图8-2所示，消费者可以点赞、评论或查看朋友的评论并进行互动。微信朋友圈广告由于直接出现在消费者的视觉焦点之中，因此被忽略的可能性极低。

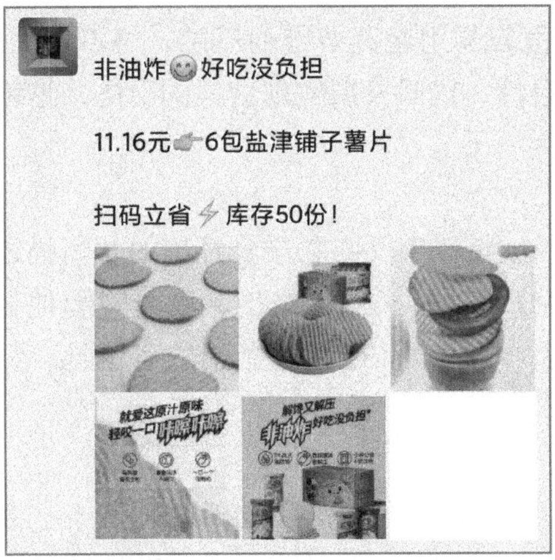

图8-1　商家发布的微信朋友圈文案

图8-2　微信朋友圈广告

2. 微信公众号文案

从营销的角度来说，微信公众号在品牌传播、宣传推广等方面都具有非常重要的意义。通过微信公众号，商家可以更好地引导消费者了解品牌、参与互动，同时提高信息的曝光率，在降低营销成本的基础上，实现更优质的营销。相比微信朋友圈文案，微信公众号文案篇幅更长，因此每句话不要太长，最好保持在20个字以内，段落不能太长，保持一段5 ～ 7行为佳，且长短要有变化，不能让消费者感到乏味。图8-3所示为小米手机微信公众号的某篇推广类电商文案。

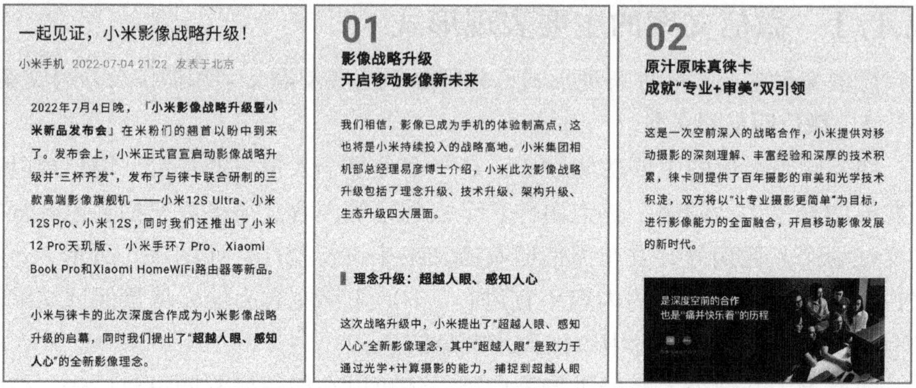

图8-3 小米手机微信公众号文案

8.1.2 写作微信朋友圈文案

相对于微信公众号，微信朋友圈更加私人化，在微信朋友圈中发布文案要注意策略，不能随意地天天刷屏，这样很容易引起消费者的反感，得不偿失。因此，发布的微信朋友圈文案既要有可看性，同时又要实现营销的目的，这就需要商家掌握以下方法。

1. 分享生活感悟

每个人在生活中都会有一些感悟，商家可以用文字将亲身经历的感悟描述出来，分享到微信朋友圈中。如果微信好友也有类似的经历，就会唤起他们的情感共鸣，继而拉近双方的情感距离，增加产品或品牌营销的可能性，如图8-4所示。

2. 发表互动话题

互动是加强社交关系的一种方式，可以直接在微信朋友圈中发表一些互动性较强的话题，让微信好友都参与讨论，如图8-5所示。选择的话题最好比较接地气、有趣，让多数消费者都感觉有话可说，尽量避开争议大、敏感的话题。

3．分享产品信息

对于商家来说，最重要的还是推销产品，所以可以适当在微信朋友圈中分享产品的相关信息，如产品上新、产品促销等，如图 8-6 所示。但是分享产品信息不能太频繁，一天一到两次或两天一次为佳。

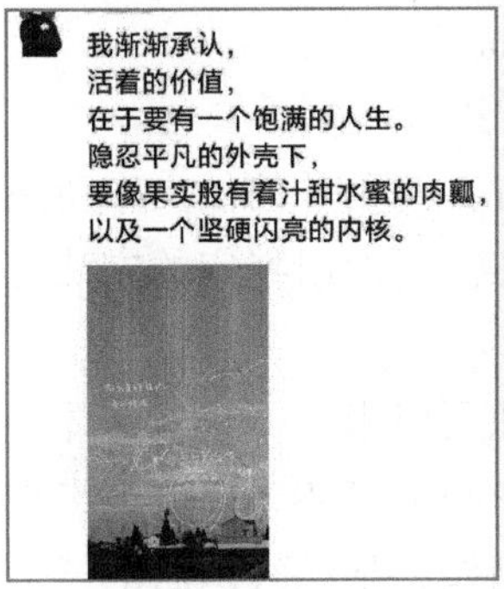

图8-4　分享感悟

图8-5　发表互动话题

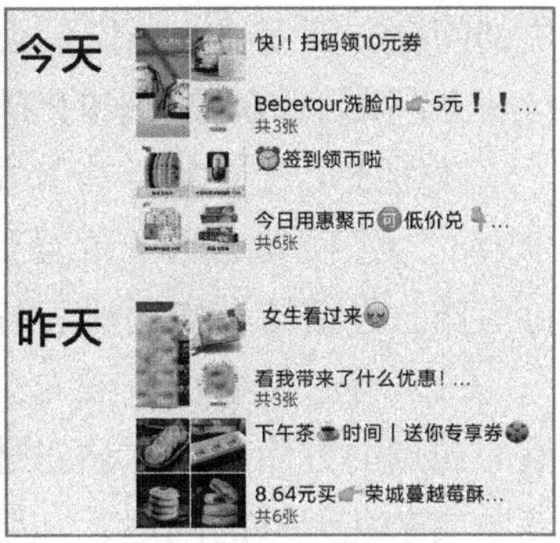

图8-6　分享产品信息

4．分享消费者评价

商家在微信营销的过程中，也需要跟踪物流信息，当物流显示商品到达消费者手中的时候，还需要消费者进行确认。当消费者使用之后，商家可以让消费者分享一下使用感受、产品使用效果等，如图8-7所示。

5．分享专业知识

在微信朋友圈中分享专业知识，能帮助消费者解决一些实际的问题，增加产品在他们心目中的专业度和可信度，为以后的销售打下坚实的基础，如图8-8所示。

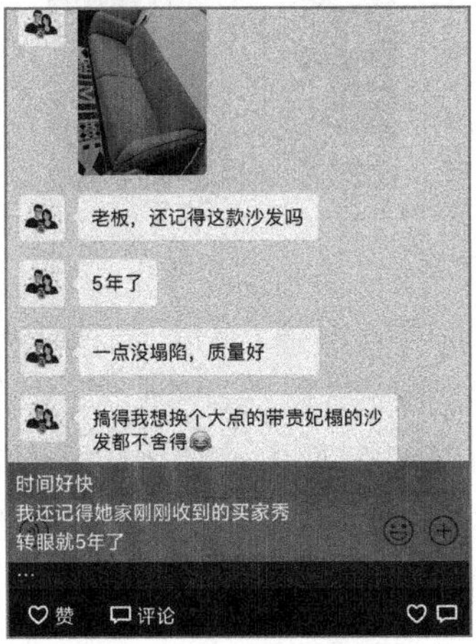

图8-7　分享消费者评价

图8-8　分享专业知识

8.1.3 写作微信公众号文案

不同于微信朋友圈主要建立在私人关系上，微信公众号更加开放，任何人都可以通过点击链接查看微信公众号文案。因此，微信公众号文案的消费者面更广，传播效果也可能更好，但竞争也更加激烈。如何写出优质的微信公众号文案，让其在众多微信公众号文案中脱颖而出，是电商文案创作者需要重点解决的问题。下面就介绍微信公众号文案写作的相关知识。

1. 微信公众号文案的写作方法

微信公众号文案能够引导消费者的思维，促进消费者接受并信任文案所述内容。为了使其达到的效果更好，电商文案创作者往往需要使用特定的方法进行写作，包括核心扩展法、各个击破法、兴趣引出法。

（1）核心扩展法。核心扩展法即先将核心观点单独列出来，再从能够体现核心观点的方面进行扩展讲述，使文案始终围绕一个中心来表述，以避免出现偏题或杂乱无章的问题，加强文案对消费者的引导。例如，某花卉网店的微信公众号发布了一篇名为“为什么我的‘无尽夏’都趴地上了？”的文案（见图8-9），围绕解决无尽夏倒伏这个核心问题展开叙述，介绍了让无尽夏直立开花的几大要素：充足的光照、足够的空间等。

图8-9 使用核心扩展法写作的文案

（2）各个击破法。各个击破法是根据要营销推广的内容，对产品或服务的特点分别进行介绍。文案写作过程中要注意文字与图片的配合，充分介绍产品或服务的卖点，通过详细的说明和亮眼的词汇来吸引消费者的关注。图8-10所示为某旅游类微信公众号发布的一篇文案，分别介绍了都江堰附近不同的民宿，为有意愿前往都江堰旅游的消费者提供了丰富的选择，实用性很强。

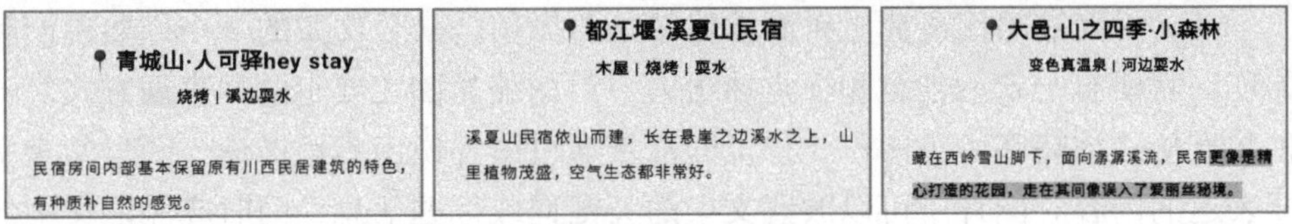

青城山·人可驿hey stay
烧烤 | 溪边耍水
民宿房间内部基本保留原有川西民居建筑的特色，有种质朴自然的感觉。
都江堰·溪夏山民宿
木屋 | 烧烤 | 耍水
溪夏山民宿依山而建，长在悬崖之边溪水之上，山里植物茂盛，空气生态都非常好。
大邑·山之四季·小森林
变色真温泉 | 河边耍水
藏在西岭雪山脚下，面向潺潺溪流，民宿更像是精心打造的花园，走在其间像误入了爱丽丝秘境。

图8-10 使用各个击破法写作的文案

（3）兴趣引出法。兴趣引出法是指根据微信公众号定位，结合网络流行趋势、所推广产品特征及消费者喜好，从消费者感兴趣的话题中选择一个作为文案切入点的写作方法。总的来说，消费者感兴趣的话题包括实用技巧、时事、音乐、电影、健康、旅游等。

案例 1：从粉丝兴趣切入——某乐器网店的微信公众号文案

某乐器网店开设了一个微信公众号进行推广，该微信公众号定位于服务乐器演奏爱好者。图8-11 所示为该微信公众号的一篇文案。

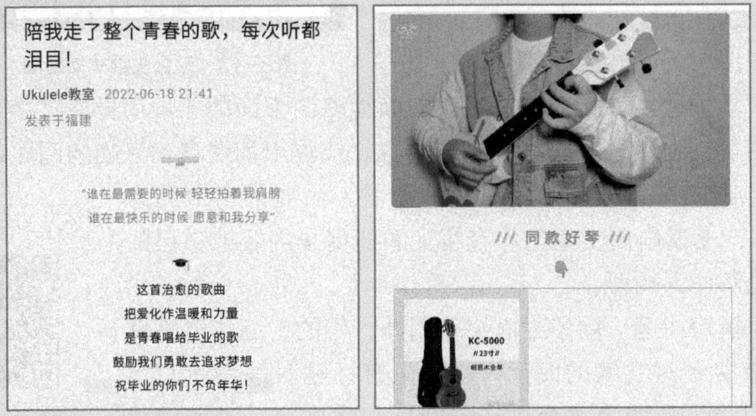

图8-11 某乐器网店的微信公众号文案

由于该微信公众号粉丝的共同兴趣是音乐，因此其文案多以某一首热门流行歌曲切入，文案会先对该歌曲进行简单介绍，如歌曲的流行度、歌曲对某些人的意义等，然后添加教学视频免费教授使用乐器弹唱该歌曲的技巧。教学视频中，教授者使用的是网店中的乐器，引导消费者观看视频时关注到这一乐器，并在下方添加了乐器的购买链接，方便消费者直接前往网店下单。

2．微信公众号文案的封面设计

微信公众号文案的封面是消费者第一眼看到的内容，包括封面缩略图、摘要和文案标题。封面要能在第一时间引起消费者的注意，吸引消费者主动点击阅读文案。

（1）封面缩略图设计。封面缩略图是对微信公众号文案的一个简要说明和体现，需要有一定的创意和视觉冲击力。封面缩略图主要有两种表现方式。一种是直接式缩略图（见图8-12），即直接通过图片说出本篇微信公众号文案所要表达的内容。图片中可以放置文案的关键词或标题信息，同时应保证文字的设计要与整体效果保持和谐，不能显得杂乱。另一种是贴合主题式缩略图，其采用的是委婉含蓄的表现方式，对图片进行贴合主题的设计。在设计贴合主题式缩略图前需要先充分了解微信公众号文案的内容，从根本上剖析主题，明确缩略图的设计方向，了解消费者喜爱的设计风格，才能达到吸引消费者眼球的目的。图8-13所示为贴合主题式缩略图，其是一篇夏日读诗主题的文案封面缩略图，采用了一张充满夏日气息的荷塘水彩画，含蓄地呼应了主题，与该微信公众号文艺的风格定位相符。

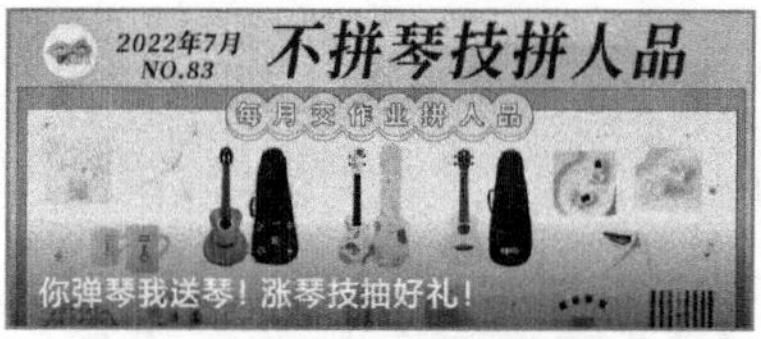

图8-12　直接式缩略图

图8-13　贴合主题式缩略图

（2）添加摘要。摘要就是文案封面缩略图下面的一段引导性文字。摘要可以快速引导消费者了解文案的主要内容，或提出消费者感兴趣的问题，以吸引消费者点击文案，增加点击量和阅读量。摘要的字数约为120个字，建议电商文案创作者将文案的精华内容或自己的看法、见解作为摘要。

知识链接

微信公众号文案的制作工具

（3）撰写标题。除了封面缩略图外，好的标题也能够直接引起消费者对文案的阅读兴趣。只有标题对消费者有足够的吸引力，消费者才会进一步阅读文案内容，进而转载文案。微信公众号文案标题的写作可以参考第4章的相关内容，这里不赘述。

8.2 微博文案的写作

微博是一个分享简短实时信息的广播式的社交网络平台，用户数量非常大，发布信息和传播信息的速度也非常快。如果微博博主拥有数量庞大的粉丝，则发布的信息可以在短时间内传达给大量消费者，甚至形成爆炸式的推广效果。因此，微博也成了商家营销的必争之地，很多商家都在微博上开设了专门的营销账号，写作并发布微博文案进行推广。

8.2.1　微博文案的写作技巧

微博就像一个公共资讯传播平台，比较开放，消息的引爆速度也很快。微博每天产生的信息数量非常庞大，但用户一般都只会关注自己感兴趣的信息。通常而言，微博文案更加碎片化、通俗化，除了通用的文案写作方法之外，电商文案创作者还需要掌握一些特定的微博文案写作技巧。

1．利用话题

微博中的热门话题往往是一段时间内大多数消费者关注的焦点，凭借话题的高关注度宣传产品或服务，可以快速获得消费者的关注。热门话题营销是一种借势营销，在选择热门话题时，应注意热门话题的时效性，不能选择时间久远的话题。热门话题营销还要注意文案的措辞，不能使用生硬、低俗的话语进行牵强附会，一定要保证文案与话题之间的自然关联与协调，不能引起消费者的反感。图8-14所示为小米手机在母亲节期间发布的微博文案，借用母亲节话题的热度宣传了小米手机的“超清人像”功能，产品植入十分自然。

2．解答疑难

微博文案要引起消费者的关注，其素材除了选取新闻故事、热门话题外，还可选取与消费者工作、生活息息相关的话题或消费者普遍面临的问题、难题。电商文案创作者若能针对这些问题给出好的解决方案，就可以得到消费者的认可。图8-15所示为某品牌发布的解答疑难问题的微博文案，其首先描述了要解答的疑难问题，然后以简洁利落的语言介绍解决办法，给人细致贴心的印象，塑造了良好的品牌形象。

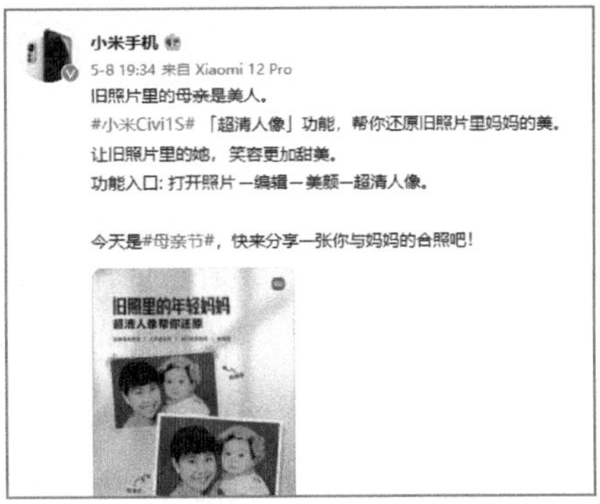

图8-14　利用话题

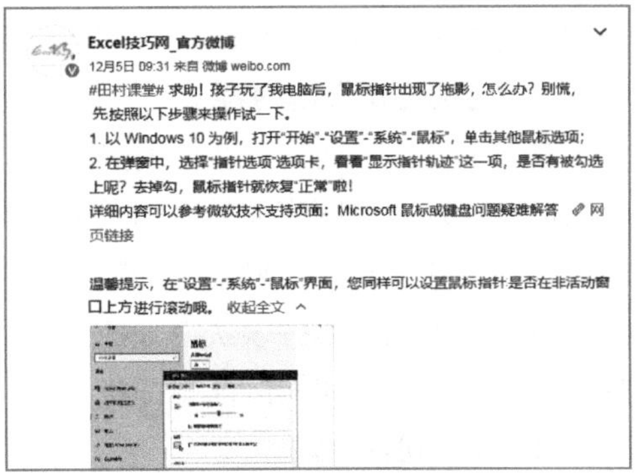

图8-15　解答疑难

3. 发布产品测评

产品测评类微博文案写作门槛较高，适合具备一定专业知识的电商文案创作者。特别是数码产品、小家电等一些消费者不大了解其原理、使用效果的产品，消费者在购买前通常会参考网上的相关测评。如果能把自身具备的产品专业知识利用好，深度分析产品的功能、质量、使用感受等，写出既有见解又通俗易懂的微博文案，就很容易获得较高的收藏量和转发量。图8-16所示为某款蒸烤一体机的测评。另外，部分品牌还会发布由独立专业机构、媒体或者相关领域网络达人出具的测评，证明测评的客观性。图8-17所示为小米手机发布的100家媒体测评汇总。

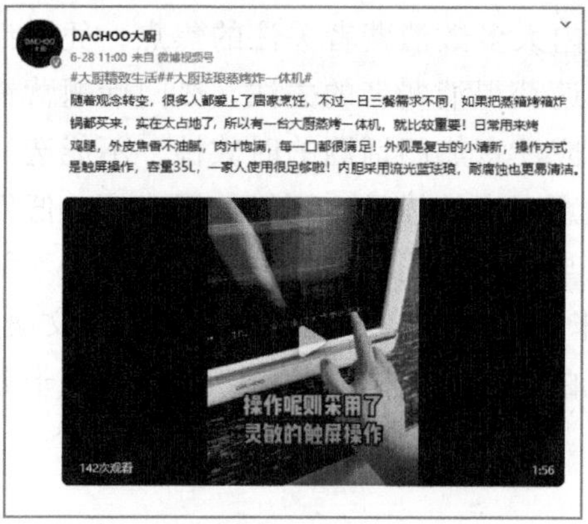

图8-16　某款蒸烤一体机的测评

图8-17　小米手机发布的100家媒体测评汇总

8.2.2　微博文案的推广技巧

对于微博文案来讲，除了本身的质量，微博文案的推广效果还与微博文案的阅读量、转发量等相关。而微博文案的阅读量、转发量又与微博粉丝数量有直接关系，电商文案创作者一方面要写作有趣、有价值的微博文案吸引更多粉丝，另一方面也要关注微博文案的推广问题。下面就具体介绍微博文案的推广技巧。

1. 定期更新微博内容

对于推广营销而言，微博的热度与关注度来自微博的可持续话题。不断制造新的话题，发布与网店或品牌相关的信息，才可以持续吸引目标群体的关注。微博具有传播速度快，信息丰富的特性，即使刚发布的信息也可能很快被后发布的信息覆盖，因此要想持续获得关注，就应该定期更新微博内容，稳定输出有价值的、有趣的内容，才能保证微博账号的可持续发展，从而带来稳定的流量。

2. 微博粉丝互动

与粉丝保持良好的互动沟通，可以加深微博博主与粉丝的联系，培养粉丝的忠诚度，扩大微博账号的影响力。在微博上与粉丝保持互动的方式主要有4种，分别是评论、转发、私信和提醒。

- **评论**：用户直接在原微博下方进行回复，评论内容可以供所有人查看。
- **转发**：将他人的微博转发至自己的微博上。
- **私信**：一种一对一的交流，讨论内容仅讨论双方可以查看。
- **提醒**：通过@微博昵称的方式，提醒@的对象关注某信息。

3．微博活动增粉

微博活动增粉主要是指利用一些需要粉丝参与并给予奖品的活动来刺激粉丝转发微博文案，其不仅可以吸引新粉丝关注，还可以扩大微博文案的传播范围，是一种有效增强微博文案推广效果的技巧。电商文案创作者可以设置一些规则简单易懂的微博活动（如转发+关注抽奖活动），并在需要大力推广的微博文案中加入参与规则等相关信息。

素养课堂

开展微博活动时要严格遵守活动规则，如抽奖时要保证公正，不能凭个人喜好将奖品发放给认识的人，抽奖后要及时公布获奖者名单。只有做到诚实守信，才会给消费者留下好的印象。

案例2：有趣的内容，积极的互动——OPPO微博文案

作为知名手机品牌，OPPO一直非常重视微博营销。其官方微博账号每天都会发布3～4条微博文案，内容涉及面很广，有对热门话题的讨论，如高考期间发布的关于高考话题的采访（见图8-18），关于手机内存不足问题的解答（见图8-19），关于OPPO手机的测评等。

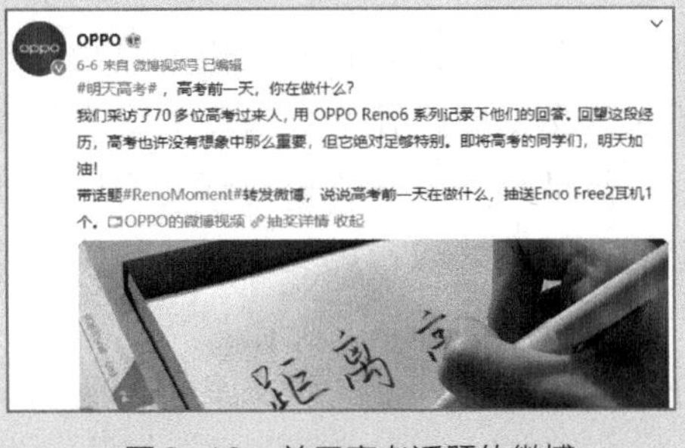

图8-18 关于高考话题的微博

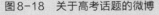

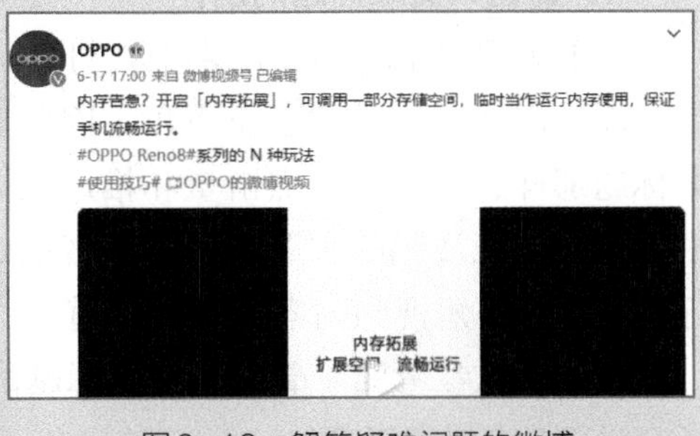

图8-19 解答疑难问题的微博

此外，OPPO还经常开展微博活动，通过转发+关注抽奖活动来提升微博文案的传播范围，并为微博账号增粉，如图8-20所示。同时，OPPO还会在评论区与粉丝积极互动，通过活泼、有趣的回复拉近与粉丝的距离，如图8-21所示。

图8-20 转发+关注抽奖活动

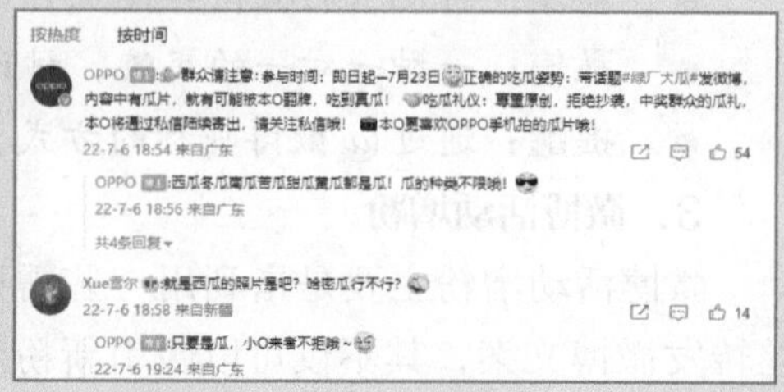

图8-21 在评论区与粉丝互动

8.3 短视频和直播文案的写作

观看短视频和直播是目前人们非常喜欢的娱乐方式，其点击量和收视率也很高。与图文相比，短视频和直播具有更加直观的场景表现力，很适合开展产品营销。在短视频和直播营销过程中，文案也起着至关重要的作用，因此电商文案创作者需要掌握短视频和直播文案的写作。

8.3.1 短视频文案的写作

短视频文案主要是由标题和脚本两部分组成的。标题展示的是短视频的主题，可以利用借热点、保持神秘感、让消费者感受到新奇或设置悬念等技巧进行写作，以刺激消费者产生点击的欲望；脚本是指拍摄短视频所依据的底本，其功能是作为故事的发展大纲，用以确定故事的发展方向。

1. 短视频文案标题的创作

对于短视频平台的用户来说，打开短视频App时首先映入眼帘的是短视频的画面，而标题只是位于左下角，因此短视频文案标题并不会像微信公众号文案标题那样直接决定着点击量和推广效果。但是，一个好的短视频文案标题能很好地概括短视频的主题，在消费者决定是否要继续观看短视频时，依然会将标题作为了解短视频内容的重要渠道。

除了可以参考第4章电商文案标题的创作方法外，短视频文案标题的创作还有以下5点注意事项。

- **字数适中。**对于短视频来说，文案标题的字数太少就可能无法准确地展示产品卖点和文案主题，字数太多则可能会影响消费者的阅读耐心，所以，短视频文案标题字数要适中，根据短视频文案标题创作的特点，尽最大可能吸引消费者点击。

- **使用标准的格式。**短视频文案标题中的文字是有标准格式的，如数字应该写成阿拉伯数字，创作时尽量用中文表达，减少外语的使用等，从而方便消费者阅读。
- **使用修辞手法。**除陈述句外，短视频文案标题中还可以使用反问、对比、夸张、比喻等修辞手法，增强短视频文案标题的表达效果，吸引消费者的注意力。
- **合理断句。**短视频面向的是更广泛的群体，为了使其能迅速理解短视频文案的标题意义，最好对短视频文案标题进行合理断句，以减少消费者的阅读负担，并将主题内容表述得更为清晰。
- **考虑推荐机制的影响。**由于短视频平台都有系统推荐机制，因此电商文案创作者在创作短视频文案标题时要考虑推荐机制的影响，尽量避免短视频文案标题中出现系统不能识别的词汇，否则会降低短视频的推荐量。系统不能识别的词汇包括非常规词（如“活久见”等），冷门、生僻词汇（如过于专业的词汇或者术语等）和不常用缩写（如将重庆缩写为“CQ”等）。

2. 短视频脚本的写作

视频是由一个个镜头连接起来的，与文字的呈现方式不同，因此在写作时要遵循一定的写作思路，才能写出完整的脚本。脚本的写作思路一般包括确定短视频主题、规划内容框架、填充内容细节、完成脚本4个部分。

（1）确定短视频主题。每个短视频都要有一个明确的主题。例如，服装穿搭系列的短视频，主题可以为初春连衣裙搭配、职场通勤着装；美妆类短视频的主题可以为化妆教程、仿妆教程。确定短视频主题，有利于确保后续的内容不会出现太大偏差，避免拖慢工作进度，同时也就可以进行下一步的内容规划。

（2）规划内容框架。确定短视频主题之后，就需要规划内容框架了。规划内容框架，需要想好通过什么样的内容细节及表现方式来展现短视频主题，包括人物、场景、事件等，并对此做出详细的规划。例如，需要拍摄一个夏日饮品的美食类短视频，已确定拍摄主题为“制作草莓柠檬茶”，在规划内容框架时可包含以下内容。

- **拍摄主体：**草莓柠檬茶的原料和成品。
- **人物：**男子。

- **场景**：厨房。
- **事件**：男子展示草莓柠檬茶的制作方法。

（3）填充内容细节。在确定好内容框架之后，就需要在脚本中填充更多的细节内容。例如，针对男子处理柠檬这一内容，在人物、场景和事件都规划好后，还可以在脚本中填充更多的内容细节，如男子将3片柠檬片和适量冰块放入量杯中，使用捣棒捶打。

（4）完成脚本。完成内容细节的填充后，还需要确定每个镜头的景别、拍摄方式、画面内容、台词、音效、时长，然后将其整理为完整的脚本，如表8-1所示。

表8-1 短视频脚本

镜号	景别	拍摄方式	画面内容	台词	音效	时长
1	中景	俯拍	案板上摆着柠檬片、草莓、量杯、草莓酱、冰块、冰糖糖浆、茉莉绿茶	准备好食材	轻松的音乐	2s
2	中景	正面拍摄	将3片柠檬片和适量冰块放入量杯中	3片柠檬片+适量冰块		2s
3	中景	正面拍摄	使用捣棒捶打	使用捣棒捶打		3s
4	中景	正面拍摄	在量杯中加入3颗草莓	加3颗草莓		1s
5	中景	正面拍摄	使用捣棒捣碎草莓	再捣碎草莓		2s
6	中景	正面拍摄	在量杯中加入40克草莓酱	40克草莓酱		1s
7	中景	正面拍摄	在量杯中加入20毫升冰糖糖浆	20毫升冰糖糖浆		1s
8	中景	正面拍摄	在量杯中加入200毫升茉莉绿茶	200毫升茉莉绿茶		1s
9	中景	正面拍摄	为量杯加盖，然后摇晃量杯	摇匀		2s
10	中景	正面拍摄	将量杯中的饮品倒入玻璃杯中	草莓柠檬茶做好啦		2s

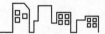

素养课堂

近年来，短视频在传递正能量、关注社会弱势群体方面发挥了重要作用，各大官方媒体纷纷注册短视频平台账号，通过富有亲和力的短视频，积极与年轻人互动，增强了年轻人对党和国家的认同感。

8.3.2 直播文案的写作

近年来，观看直播已经成为人们日常生活的一部分，越来越多的企业或品牌开始在各大直播平台中开设直播间，以促进产品的销售和品牌推广。为了最大限度地发挥直播的推广效果，写作一个吸引力强的直播文案非常重要。通常，直播文案可以分为直播预告文案、直播脚本。

1. 直播预告文案的写作

在直播前商家可以通过直播预告先清晰地描述和介绍直播内容，让消费者提前了解直播内容。直播预告部分的文案包括标题、内容简介。

（1）标题。直播预告文案的主要目的是尽可能多地吸引消费者来观看直播，所以，标题一定要简洁明了。一般来说，直播平台中的预告文案标题大多限制在12个字以内，因此电商文案创作者在写作时可以展现产品的核心卖点或直播亮点，以引起消费者对直播的兴趣。图8-22所示为在淘宝App中发布的直播预告，标题均表明了直播亮点：折扣信息、满减优惠。

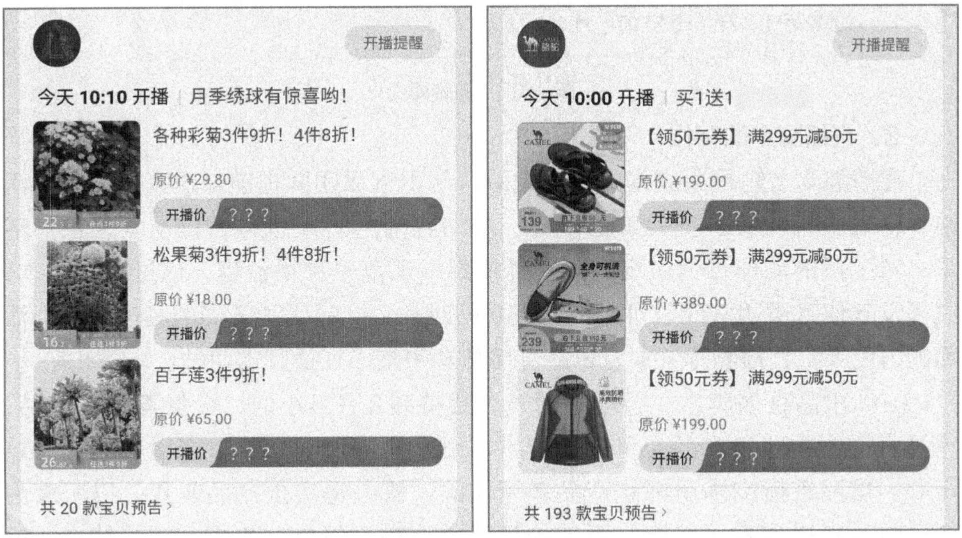

图8-22 直播预告

电商文案创作者在写作直播预告的标题时，可以运用以下写作技巧。

- 直播预告文案标题应尽量展示品牌或产品的风格。
- 直播预告文案标题内容中要触及消费者的痛点。
- 可以在直播预告文案标题中描绘出消费者的使用场景。
- 直播预告文案标题文字内容要简单明了。
- 直播预告文案标题中尽量不要出现价格和优惠信息，应将其放置到内容简介中。

（2）内容简介。内容简介是对直播预告文案标题的解释或直播内容的概括（见图8-23），字数在140个汉字以内。直播预告文案的内容简介要简单、不拖沓，可以与直播嘉宾、粉丝福利、特色场景、主播介绍、主打产品故事等有关，要从能够吸引消费者的角度来进行写作。

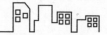

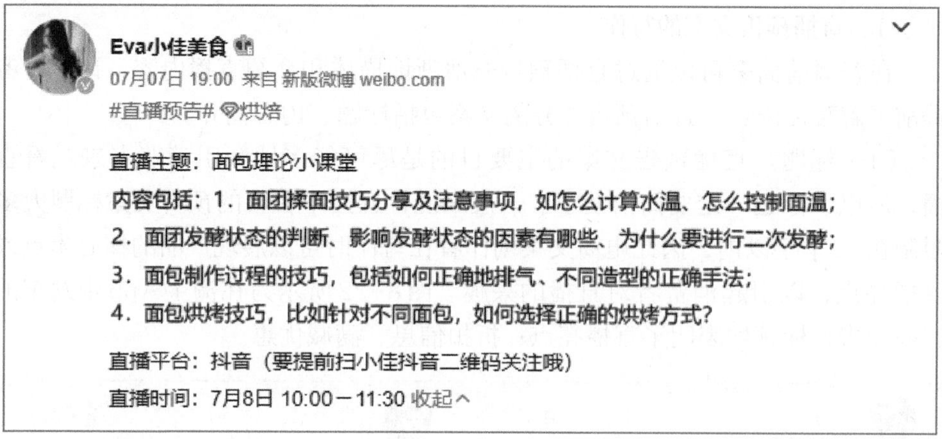

Eva小佳美食
07月07日 19:00 来自 新版微博 weibo.com
#直播预告# 烘焙
直播主题：面包理论小课堂
内容包括：1. 面团揉面技巧分享及注意事项，如怎么计算水温、怎么控制面温；
2. 面团发酵状态的判断、影响发酵状态的因素有哪些、为什么要进行二次发酵；
3. 面包制作过程的技巧，包括如何正确地排气、不同造型的正确手法；
4. 面包烘烤技巧，比如针对不同面包，如何选择正确的烘烤方式？
直播平台：抖音（要提前扫小佳抖音二维码关注哦）
直播时间：7月8日 10:00－11:30 收起

图8-23 内容简介

2．直播脚本的写作

直播脚本与短视频脚本的作用类似，便于直播团队提前知道直播内容和活动、梳理直播流程、把控直播节奏、推动直播的有序进行，以及管理主播话术、对主播的动作行为做出指导。直播脚本规范了直播流程，通过直播脚本，主播及其他直播团队成员可以知道直播的时长、产品活动开展的具体时间、活动的力度等。直播脚本主要有单品直播脚本和整场直播脚本两种。

（1）单品直播脚本。一场直播一般会持续2～6小时，会推荐多款产品，单品直播脚本即以产品为单位的脚本，用于规范产品解说，主播应对其烂熟于心。单品直播脚本是围绕产品来写作的，核心是突出产品卖点。以服装为例，单品直播脚本可以围绕服装的尺码、面料、颜色、款式、细节特点、适用场景、搭配等方面进行写作。

单品直播脚本一般以表格形式呈现，包含产品卖点、产品用途、产品价格等要素。表8-2所示为单品直播脚本示例。

表8-2 单品直播脚本示例

项目	宣传点	具体内容
品牌介绍	品牌理念	××电器专门从事创意小家电研发、设计、生产和销售，希望支持具有创新精神的年轻人过有创造力的生活，致力于成为年轻人喜欢的小家电品牌
卖点	功能多样	可以制作汤、粥、燕窝、甜品、蛋糕等
	支持预约	可24小时预约，到点自动烹煮
	不粘涂层	煮饭不粘锅，汤粥不糊底
商品优惠信息	延续“双十一”优惠	在直播间下单的小伙伴享受与“双十一”同样的价格，下单时备注主播名称
注意事项	引导消费者分享直播间并点赞，引导消费者加入微信粉丝群	

（2）整场直播脚本。整场直播脚本以单品直播脚本为单位，对整个直播过程进行规划，通常是对直播流程和内容的细致说明。整场直播通常有一定的流程：首先是开播后的开场预热，引导消费者关注；其次是活动剧透，简单介绍所有产品并重点推荐热门产品；再次逐一讲解产品，中途可设置互动环节；最后对接下来的直播进行预告。表8-3所示为整场直播脚本示例。表8-4所示为直播流程示例。

表8-3 整场直播脚本示例

××品牌整场直播脚本	
直播时间	2022-3-26，20:00—21:45
直播地点	××直播室
直播主题	××品牌家电促销
产品数量	6款
主播介绍	主播：×× 助理：×× 客服：××

表 8-4 直播流程示例

直播流程				
时间段	流程规划	人员分工		
		主播	助理	客服
20:00—20:10	开场预热	自我介绍，与先进入直播间的消费者打招呼，介绍开场直播截屏抽奖规则	演示直播截屏抽奖的方法，回答消费者在直播间提出的问题	向各平台分享开播链接，收集中奖信息
20:11—20:20	活动剧透	简单介绍本场直播所有产品，说明直播间的优惠力度	展示所有产品，补充主播遗漏的内容	向各平台推送直播活动信息
20:21—20:30	产品推荐	讲解第 1 款产品，全方位展示产品外观，详细介绍产品特点，回复消费者问题，引导消费者下单	协助主播展示、回复消费者问题	发布产品的链接，回复消费者订单咨询
20:31—20:40	产品推荐	讲解第 2 款产品	同上	同上
20:41—20:45	红包活动	与消费者互动，鼓励消费者参与	提示发送红包时间节点，介绍红包活动规则	发送红包，收集互动信息
20:46—20:55	产品推荐	讲解第 3 款产品	同上	同上
20:56—21:05	产品推荐	讲解第 4 款产品	同上	同上
21:06—21:10	福利赠送	点赞满 ×× 即抽奖，中奖者获得保温杯一个	提示福利赠送时间节点，介绍抽奖规则	收集中奖者信息，与中奖者取得联系
21:11—21:20	产品推荐	讲解第 5 款产品	同上	同上
21:21—21:30	产品推荐	讲解第 6 款产品	同上	同上
21:31—21:35	红包活动	与消费者互动，鼓励消费者参与	提示发送红包时间节点，介绍红包活动规则	发送红包，收集互动信息

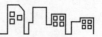

续表

直播流程				
时间段	流程规划	人员分工		
		主播	助理	客服
21:36—21:45	直播预告	剧透明日主推产品，引导消费者关注直播间，强调明日准时开播和直播福利	协助主播引导消费者关注直播间	回复消费者订单咨询

8.4 社群文案的写作

社群是以某种网络平台为载体，将拥有共同的兴趣爱好或某种需求的网民聚集在一起，让他们相互沟通交流，展示各自价值而形成的一种社交群体。社群由于其高活跃性和巨大流量，成了商家营销推广的平台，而社群文案则是在社群中开展营销推广的媒介。

8.4.1 社群文案的形式

一般而言，社群文案包括社群引流文案、进群欢迎文案、分享活动预告文案和产品推广文案等，下面分别介绍。

1. 社群引流文案

对于建立一个社群而言，第一步就是引流。好的社群引流文案不但可以吸引更多人主动加入，而且这些主动加入社群的人都是对社群主题感兴趣的人，因此成员定位更为精准。写作社群引流文案时应该首先明确社群成员，了解成员的需求，然后再用简洁的语言将社群能带给成员的益处表述清楚，这样才能让社群有足够的吸引力。图8-24所示为某电视剧爱好者社群的引流文案，其通过强调入群福利来吸引成员加入。

2. 进群欢迎文案

成员加入社群之后，也许并不清楚社群的主题是什么、有哪些社群规则、加入社群有哪些福利等，因此进群欢迎文案是十分有必要的。进群欢迎文案可以包含的内容有欢迎语、社群主题、社群福利、社群规则等。图8-25所示为某蛋糕店粉丝社群的进群欢迎文案。

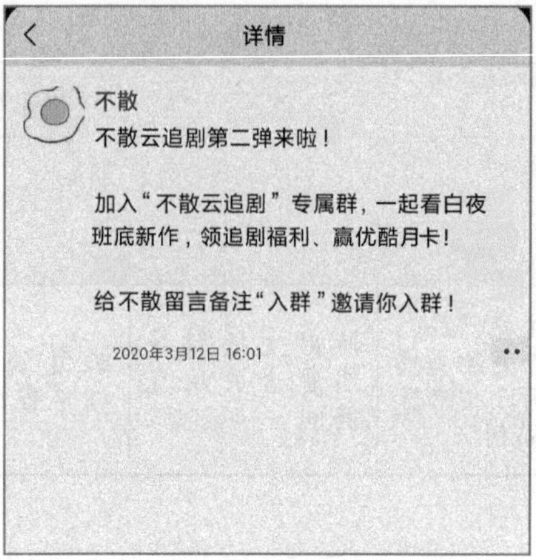

图8-24　社群引流文案

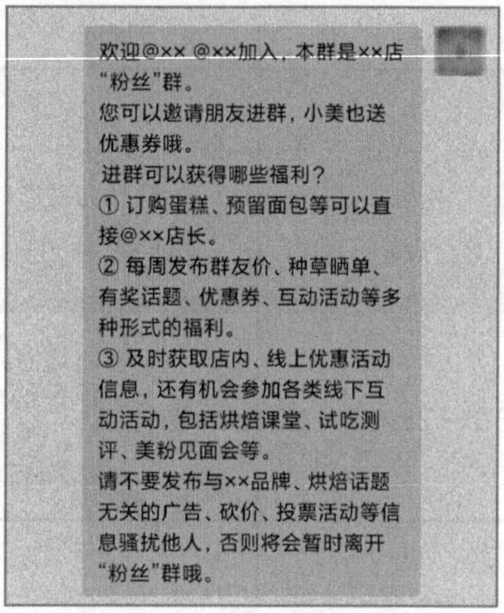

图8-25　进群欢迎文案

3．分享活动预告文案

分享是指分享者面向社群成员分享知识、心得、体会、感悟等，也可以是针对某个话题的交流讨论。专业的分享通常需要邀请专业的分享者，当然也可以邀请社群中杰出的群成员进行分享，提高其他群成员的参与度和积极性。在活动开始前需要写作分享活动预告文案，该文案内容应包括分享活动时间、分享活动主题、分享活动规则等。图 8-26 所示为某书籍网店粉丝社群中的分享活动预告文案。

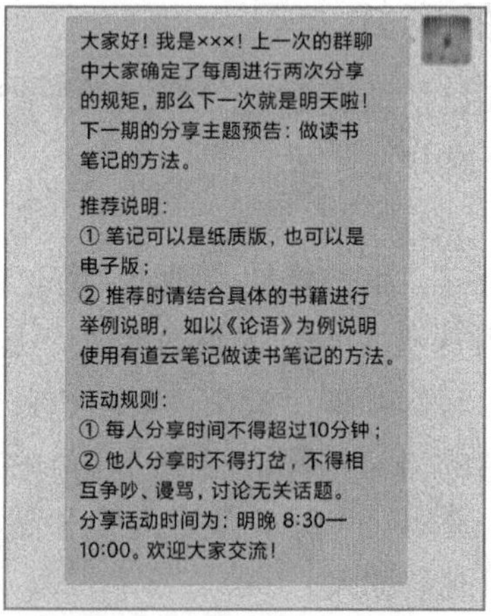

图8-26　分享活动预告文案

4．产品推广文案

除了可以进行话题交流之外，社群还是一个很好的产品推广平台。一般而言，社群中不宜大量发布赤裸裸的广告，这样容易引起消费者的反感。发布广告的频率控制为一天一两次即可，同时发布的广告应该与社群主题相关。

8.4.2 社群文案的写作要点

一个社群要想持续运作下去，需要让成员感受到社群的价值，因此不能将社群作为一个群发广告的渠道，而是要用心写作社群文案，通过软推广的方式来让成员潜移默化地接受产品或品牌。这就要求电商文案创作者在写作社群文案时注意以下要点。

1．输出优质内容

内容是社群文案最基础也是最关键的部分，只有通过输出优质的内容去吸引和筛选群成员，引起特定群体的兴趣，并取得该群体的关注，才会让成员真正意识到该社群文案的价值，在现在社群的基础上形成一个转化效果更好的社群。图8-27所示为某农产品网店的粉丝社群。该社群中群主并没有直接推送农产品广告，而是介绍了很多关于农产品的实用知识，让成员了解该农产品的优点和用途，自然而然地产生购买的想法。

2．文案内容尽量以聊天形式呈现

同样的内容，相较于单纯的文字罗列，对话形式更能集中人的注意力，让人感到好奇和产生新鲜感。如果电商文案创作者能把社群文案营造成两个人正在聊天的形式，这种对话通常能够冲淡阅读文字带来的疲倦感。

电商文案创作者也可以将社群文案塑造成交流分享的模式，营造一种轻松愉悦的交流氛围，这样也会更容易让人接受。况且社群本质上属于交流平台，以聊天形式呈现的社群文案会更合理、不突兀。图8-28所示为在聊天中推荐产品，展示了某个与财税相关的社群中，群主在与群成员聊天的过程中推荐知识付费产品的情景。

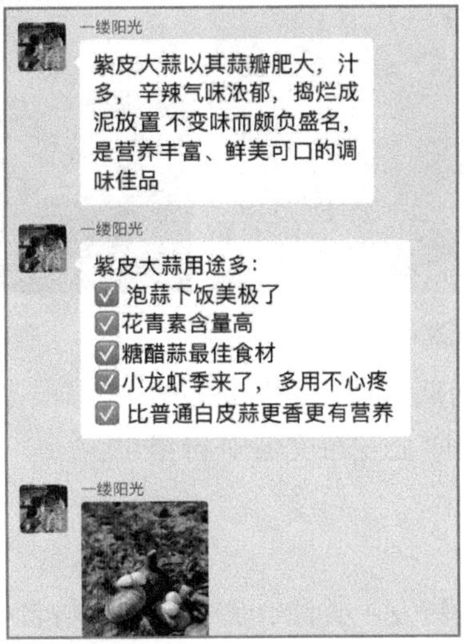

图8-27 输出优质内容

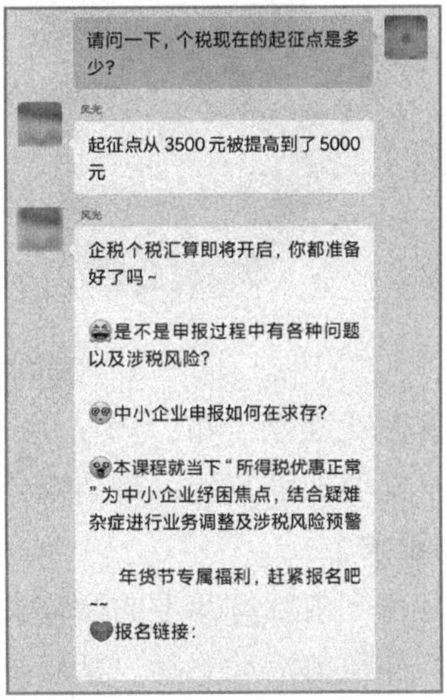

图8-28 在聊天中推荐产品

3．文案内容要直白简单

在社群文案中，使用生僻、专业的词语去解释活动、产品并不会让人觉得“高端”，反而会使群成员觉得不能理解，以致丧失深入了解的兴趣。所以，社群文案的关键信息最好用直白通俗的语言来表达，这才是引流的正确方法。

同步实训

实训1　为花盆写作微博文案

微课视频

第8章 同步实训1——为花盆写作微博文案

【实训背景】

晓晨是一家园艺工具网店的店长，出售花盆、花架、爬藤支架等产品。晓晨了解到市面上很多塑料花盆的透气性不好，影响植物生长，多年来秉持着帮消费者解决难题的理念，一直致力于改进花盆的设计。经过不懈努力，他终于设计出了一款排水性、透气性好的花盆，并获得了国家专利。该花盆采用PP树脂材质，兼顾硬度和韧性，有12cm、14cm、16cm等多种口径，盆底、盆侧面都设计了透气孔（见图8-29），有利于植物排水、生根发苗。

图8-29　花盆设计

现在这款花盆刚上市，为了促销，网店开展了8折活动。考虑很多消费者还不了解，需要加强宣传，晓晨决定在微博上发布文案进行推广。

【实训要求】

（1）写作一条解答疑难的微博文案。

（2）写作微博活动文案，活动规则是转发+关注，3天后从参与者中抽出3名获奖者，奖品是5个16cm的花盆。

【实训步骤】

（1）写作解答疑难的微博文案。考虑到网店的目标消费群体是绿植爱好者，植物烂根是一个令他们十分困扰的问题，因此可以选择从该问题切入。文案可以先介绍植物烂根的原因和规避方法，然后植入自家花盆购买信息，通过优惠福利引导消费者下单。此外，为了让疑难问题更醒目，能直接吸引消费者注意，还可以在文案开头用【 】符号将其单独展现出来。解答疑难的微博文案如图8-30所示。

（2）写作微博活动文案。文案可以先对花盆及促销活动进行简单介绍，然后写明活动规则，即要求消费者关注自己的微博账号，同时转发此条微博，3天后在参与活动的粉丝中抽出3位获奖者，送出5个16cm的花盆。发布后的微博活动文案如图8-31所示。

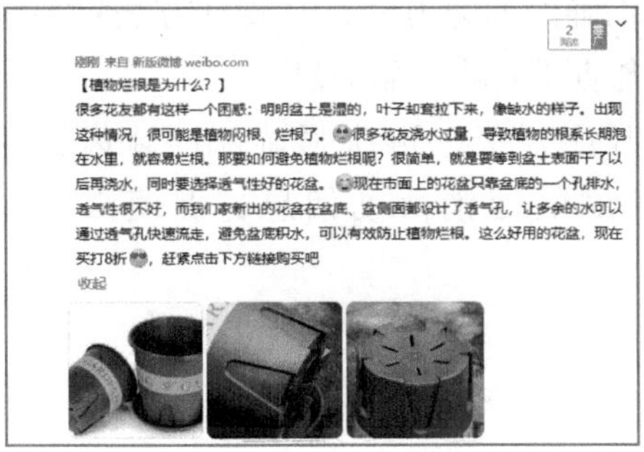

图8-30 解答疑难的微博文案

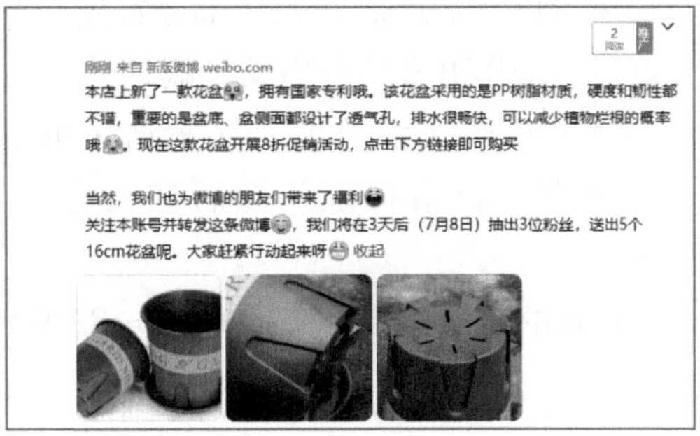

图8-31 微博活动文案

实训2 为电动牙刷写作微信公众号文案

【实训背景】

近年来，国家十分重视我国人民的口腔健康。国家卫生健康委印发了《健康口腔行动方案》，该方案以群众口腔健康水平为根本，以健康知识普及和健康技能培训为基础，致力于全面提升我国人民口腔健康水平，助力健康中国建设。

微课视频

第8章 同步实训2——为电动牙刷写作微信公众号文案

对于口腔健康而言，刷牙的重要性不言而喻，而电动牙刷作为高科技产品，相比传统牙刷具有一定的优势。现有一款电动牙刷，正在开展买一送一活动（买一个电动牙刷送一套价值80元的替换刷头），具体产品信息为：每分钟振动36 000次，深层清洁口腔死角和牙菌斑；刷头采用灵敏小圆头设计，呵护牙龈；长久续航，一年仅需充一次电；采用全新降噪技术，刷牙无噪声；全身防水，可随意冲洗。

【实训要求】

为该产品写作一篇微信公众号文案。

【实训步骤】

（1）确定写作思路。由于电动牙刷与牙齿日常护理的主题密切相关，因此可以选择采用核心扩展法。文案围绕牙齿日常护理这个核心分3点展开，分别是刷牙、使用牙线和定期洗牙，重点放在刷牙部分。刷牙部分可以植入电动牙刷的营销信息。

（2）写作文案开头。文案开头可以从很多人牙齿出问题这个现象入手，通过强调看牙花钱多、受痛苦来引发人们对牙齿健康问题的关注，然后引出应该做好牙齿日常护理的核心主题，为后文做好铺垫。

（3）写作文案正文。文案正文分别从刷牙、使用牙线和定期洗牙3个方面介绍牙齿日常护理。在刷牙部分首先介绍正确的刷牙方法，从刷牙方法复杂这一点引出操作更方便的电动牙刷，并植入电动牙刷的产品信息。

（4）写作文案结尾。文案结尾可以呼应开头，再次强调保证牙齿健康的关键在于日常护理，然后植入电动牙刷的促销活动信息，促使消费者购买。

写好的微信公众号文案如图8-32所示。

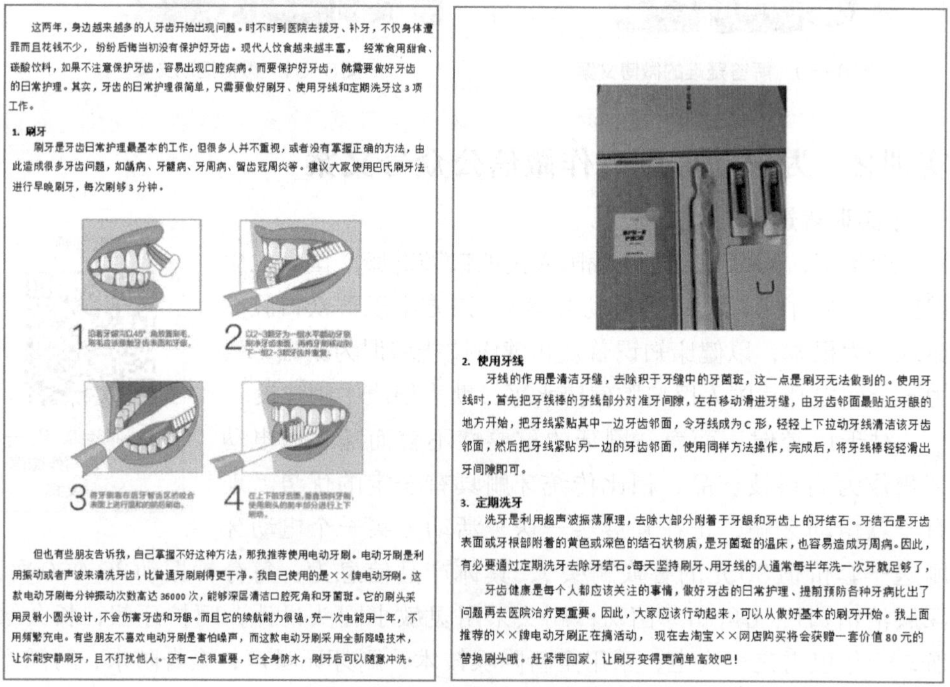

这两年，身边越来越多的人牙齿开始出现问题。时不时到医院去拔牙、补牙，不仅身体遭罪而且花钱不少，纷纷后悔当初没有保护好牙齿。现代人饮食越来越丰富，经常食用甜食、碳酸饮料，如果不注意保护牙齿，容易出现口腔疾病。而要保护好牙齿，就需要做好牙齿的日常护理。其实，牙齿的日常护理很简单，只需要做好刷牙、使用牙线和定期洗牙这3项工作。

1. 刷牙

刷牙是牙齿日常护理最基本的工作，但很多人并不重视，或者没有掌握正确的方法，由此造成很多牙齿问题，如龋病、牙髓病、牙周病、智齿冠周炎等。建议大家使用巴氏刷牙法进行早晚刷牙，每次刷够3分钟。

但也有些朋友告诉我，自己掌握不好这种方法，那我推荐使用电动牙刷。电动牙刷是利用振动或者声波来清洗牙齿，比普通牙刷刷得更干净。我自己使用的是××牌电动牙刷。这款电动牙刷每分钟振动次数高达36000次，能够深层清洁口腔死角和牙菌斑。它的刷头采用灵敏小圆头设计，不会伤害牙齿和牙龈。而且它的续航能力很强，充一次电能用一年，不用频繁充电。有些朋友不喜欢电动牙刷是害怕噪声，而这款电动牙刷采用全新降噪技术，让你能安静刷牙，且不打扰他人。还有一点很重要，它全身防水，刷牙后可以随意冲洗。

2. 使用牙线

牙线的作用是清洁牙缝，去除积于牙缝中的牙菌斑，这一点是刷牙无法做到的。使用牙线时，首先把牙线棒的牙线部分对准牙间隙，左右移动滑进牙缝，由牙齿邻面最贴近牙龈的地方开始，把牙线紧贴其中一边牙齿邻面，令牙线成为c形，轻轻上下拉动牙线清洁该牙齿邻面，然后把牙线紧贴另一边的牙齿邻面，使用同样方法操作，完成后，将牙线棒轻轻滑出牙间隙即可。

3. 定期洗牙

洗牙是利用超声波振荡原理，去除大部分附着于牙龈和牙齿上的牙结石。牙结石是牙齿表面或牙根部附着的黄色或深色的结石状物质，是牙菌斑的温床，也容易造成牙周病。因此，有必要通过定期洗牙去除牙结石。每天坚持刷牙、用牙线的人通常每半年洗一次牙就足够了，

牙齿健康是每个人都应该关注的事情，做好牙齿的日常护理、提前预防各种牙病比出了问题再去医院治疗更重要。因此，大家应该行动起来，可以从做好基本的刷牙开始。我上面推荐的××牌电动牙刷正在搞活动，现在去淘宝××网店购买将会获赠一套价值80元的替换刷头哦。赶紧带回家，让刷牙变得更简单高效吧！

图8-32 写好的微信公众号文案

思考与练习

1. 选择题

（1）【多选】写作微博文案时，可以利用的技巧包括（　　）。

A. 利用话题　　B. 解答疑难

C. 发布产品测评　　D. 要求粉丝加入社群

（2）【多选】直播预告文案通常可以包括（　　）方面的内容。

A. 标题　　B. 内容简介

C. 直播脚本　　D. 直播单品脚本

（3）【单选】下列各项中，不属于微信公众号文案的写作方法的是（　　）。

A. 核心扩展法　　B. 各个击破法

C. 兴趣引出法　　D. 内心独白法

（4）【单选】下列关于直播预告文案的说法中，不正确的是（　　）。

A. 直播预告文案标题应尽量展示品牌或产品的风格

B. 直播预告文案标题内容中要触及消费者的痛点

C. 可以在直播预告文案标题中描绘出消费者的使用场景

D. 直播预告文案标题应该在20字以内

2. 填空题

（1）____________即先将核心观点单独列出来，再从能够体现核心观点的方面来进行扩展讲述，使文案始终围绕一个中心来表述，以避免____________。

（2）社群文案包括______________、______________、________________、______________。

（3）微博活动增粉主要是指利用一些____________来刺激粉丝转发微博文案，其不仅可以________________，还可以______________。

3. 判断题

（1）微信朋友圈广告采用了信息流广告形式，与平常能够看到的原创朋友圈形式相似，只是左上角注有“推广”或“广告”字样。（　　）

（2）不同于微信朋友圈主要建立在私人关系上，微信公众号更加开放，任何人都可以点击链接查看微信公众号文案。（　　）

4. 操作题

（1）现有一款某品牌羽毛球拍，采用的是铝合金材质，手感轻盈、穿线细致，独特的拍框设计能有效减小空气阻力，使挥拍更加灵活。请利用热门话题，为该羽毛球拍写作一篇微博文案。

（2）文具品牌学乐闻计划开展直播营销，以营销网店热销的10款中性笔，时间在2022年8月1日晚19:00—21:00。本场直播由主播张某某来直播，刘某作为场控。为吸引消费者，该公司开展了“满35元减10元”的优惠活动，只要在直播间购买即可享受该优惠。此外还安排了抽奖活动（两轮，要求消费者以弹幕的形式发送“学乐闻大卖”，奖品是一套中性笔）。请为该场直播写作直播脚本。

（3）文具品牌学乐闻最近推出了3款笔记本，颜色清新，设计风格可爱，其中，便携式笔记本和线圈式笔记本封面有卡通图案。现需要拍摄一则短视频为3款笔记本做宣传，请为其写作短视频脚本。

（4）现有一款××牌的2kg洗衣液，特点是采用天然植物萃取成分，不含增白剂和荧光剂，能有效去除各种污渍，洗后无残留，不伤衣物。请为该洗衣液写作一篇微信朋友圈文案。